Barbara Schaefer

Limoncello mit Meerblick

Unterwegs an der Amalfiküste und im Cilento

Barbara Schaefer

Limoncello mit Meerblick
Unterwegs an der Amalfiküste und im Cilento

Picus Lesereisen

Picus Verlag Wien

Grafische Gestaltung: Dorothea Löcker, Wien
Umschlagabbildung: © Ray Juno/CORBIS
Druck und Verarbeitung: Remaprint, Wien
ISBN 978-3-85452-924-8

Informationen über das aktuelle Programm
des Picus Verlags und Veranstaltungen unter
www.picus.at

Inhalt

Klares Wasser und klebriges Eis
Ein Lieblingsstrand für jeden Tag 9

Scarlett zog die Vorhänge zu
»Set-Jetter« aber suchen die Film-Drehorte von Amalfi 12

Der blaue Lamborghini
Fünfzig Jahre Autostrada del Sole 18

Piste mit Meerblick
Die Stille der Berge ist der Süditaliener Sache nicht 24

Die Legende des verlorenen Schatzes
An der Küste der Mythen 37

Nobile sah den Nordpol von oben
Eine »gelateria« erinnert an den Piloten im Eis 42

Broccoli. Täglich immer nur Broccoli
Es gab Gründe genug, auszuwandern – und zurückzukehren in den Cilento 48

Durch Macchia und Zitronengärten
Im Schritttempo an der Amalfiküste entlang 63

Familienfotos statt Familienfeste
Fünfzig Jahre Anwerbevertrag für Gastarbeiter – aus der Sicht der Frauen, die mitfuhren oder dablieben 71

Wo die rote Sonne wirklich im Meer versinkt
Inselsicht und blaue Grotten – wer will da noch nach Capri? 83

Limoncello passt nicht zu Kastanien
Die Küche in den Bergen des Hinterlandes 88

Boxer, Philosoph und Kämpfer
Mit dem Onorevole durch Geschichte und Gassen Salernos 95

So schmeckt der Sommer
Ein Kochkurs im Cilento 101

Man riecht das Salz auf Ihrer Haut
Baden auf Capri, drinnen und draußen 107

Donna Marta erzählt
Zwei Hühner geben, einen Rat bekommen 113

Als der Heilige einmal großen Durst hatte
Dorffeste und Familienfeiern in Pellare 116

Wir sind alle Kinder eines Meeres
Herbstliche Tage und Nächte in Velia 125

Nachsatz 132

Klares Wasser und klebriges Eis

Ein Lieblingsstrand für jeden Tag

Es war ein perfekter Tag. Juniwarm. Wir liehen uns Vespas aus und fuhren von Marina di Casalvelino zur Spiaggia dell'Arco Naturale. In sanften Kurven wiegt sich die Straße Richtung Süden. Ich ließ mich treiben, blickte durch eine große Divensonnenbrille auf alte Männer vor der Bar, auf brennend blühende Bougainvilleen, auf flirrende Meerfetzen.

Wind und Wellen haben aus der karstigen Küste des Cilento den Arco Naturale, einen Steinbogen, herausgeschnitten, daneben schmiegt sich ein kiesiges Rund an die Steilwände. Einige große Boote, Yachten vielleicht, dümpelten schon in der Bucht. Das Wasser war erfrischend, soll es im Sommer bleiben. Unweit fällt das Mittelmeer auf dreitausend Meter ab, seine tiefste Stelle. Schon nach ein paar Schwimmzügen ist seine Farbe von tiefem *azzurro*.

Wir schwammen sachte dahin, tauchten nach Muscheln, dann legten wir uns auf Riesenkiesel, brieten in der Sonne und plauderten. Es war ein perfekter Tag, und das ist mein Lieblingsstrand. Jedenfalls für diesen Tag. Es gibt Tage für Zitroneneis und solche für Schokoladeneis, wobei beides nicht gut zusammenpasst. Der wilde Strand am Arco ist ein Zitroneneisstrand. Frisch, belebend, so einer tut immer gut.

Aber an manchen Tagen mag ich es klebriger, weniger perfekt, lebenspraller. Für den Traumstrand so eines Tages hätten wir mit der Vespa nicht losfahren müssen, so einer liegt in Marina di Casalvelino und ist ein Stadtstrand, keine verschwiegene Bucht, kein piniengesäumter Geheimtipp, kein Versteck für Verliebte, sondern eine offene Bühne, und: ein Loch in der Zeit.

Urlauber plumpsen an dem breiten Sandstrand in ein Caterina-Valente-Italien, so weit im Süden scheint Europa noch nicht angekommen zu sein, jedenfalls nicht am Strand. Keine Frau legt sich oben ohne hin, kaum jemand kommt allein. Familien rücken an, jeden Tag an dieselbe Stelle. Dort steht der Sonnenschirm von gestern, um ihn herum aufblasbares Getier, Stühle, Spiele. Das soll nicht so sein, befand die Gemeinde, der Strand müsse abends geräumt werden. Eines Nachts rückte ein Bagger an, schob alles zusammen. Am nächsten Tag zeigte die Strandbelegschaft die Gemeinde an, wegen Sachbeschädigung.

An einem echt italienischen Strand darf natürlich auch er nicht fehlen: der gegelte Mann. Ungeniert stellt er sich hin, breitbeinig, glotzt auf Bikinis und greift sich immer wieder an das Herz in der Hose. Putzig.

Aber vor allem liegen und lagern hier Familien. Fabio! – Fabio! – Fabio! Die *mamma* ruft es immer wieder, der Junge im Wasser hört nie. Hier können die Geheimcodes italienischer Kommunikation studiert werden. Gestenreich, laut, in endlosen Wiederholungen, aber oft monologisch.

»Fabio, vieni qua.« Fabio, komm her. Immer

noch kein Grund für den Jungen, auf seine Mutter zu hören. Und es stört sich auch niemand an den ansteigenden Rufen. Aber Fabio hat ein feines Gehör, wenn Mamas Stimme ins Keifende kippt, spurtet er an den gestreiften Sonnenschirm, um nun seinerseits quengelig und oft zu sagen: »Voglio un gelato, voglio un gelato!« Ich will ein Eis. Denn das ist überhaupt das Beste an diesem Lieblingsstrand: Vier *gelaterie*, gleich über die Straße, und in einer gibt es Nutellaeis.

Scarlett zog die Vorhänge zu

»Set-Jetter« aber suchen die Film-Drehorte von Amalfi

»Ich liebe es, mit Italienern zu arbeiten!«, der amerikanische Regisseur Mike Barker schwärmt von den Dreharbeiten zu »A good woman – ein Sommer in Amalfi«: »Der Enthusiasmus und die Energie der ganzen Truppe waren so ansteckend, die Leidenschaft und die Diskussionen, Kämpfe und Küsse, I loved it.« Einen Independent-Film zu drehen, sei »eine schwierige Angelegenheit«, erzählt Barker, »nie hat man genügend Zeit und Geld«. Aber wenn man schon so etwas Schwieriges anpacke, solle man das in Italien machen. Und so verlegte Barker die Handlung des Theaterstücks »Lady Windermeres Fächer«, das seinem Film zugrunde liegt, an die Amalfiküste, im Original spielt es in London.

Die Oscar-Wilde-Verfilmung kreist um zwei Frauen, deren Charaktere diametral verschieden scheinen: die puritanische und ehrbare junge Ehefrau und eine attraktive, offenbar skrupellose Lebedame. Es kommt zu den typischen Verwicklungen einer Gesellschaftskomödie, eine banale Geschichte, wären da nicht Oscar Wildes geschliffene Sottisen und der Zauber der Landschaft im Film.

Die Küste von Amalfi sei die »anmutigste Gegend Italiens«, schrieb Giovanni Boccaccio im »Decamerone« Mitte des 14. Jahrhunderts. Die

»Amalfitana« – vierzig Straßenkilometer zwischen Positano und Vietri sul Mare – wirft sich in jede Bucht, wagt sich vor auf jeden Felssporn, lässt kein Halbinselchen aus und keine Schlucht; windet sich hautnah an den Küstenstreifen wie eine anschmiegsame Geliebte. Dörfer wie Atrani und Amalfi würfeln sich Felsklippen hinauf, kaum Straßen oder Gassen verbinden die maghrebinisch weiß getünchten Häuser, sondern himmelsteile Treppenwege, die sich unvermutet zu einer *piazza* verbreitern und den Blick erlauben auf »die Fläche der Salzflut, die smaragdgrün liegt um zackige Klippen, und anwogt«, so August von Platen in einem Amalfi-Gedicht.

Seit Jahrzehnten ist die Region Filmkulisse: Humphrey Bogart suchte hier den »Schatz von Afrika«, Rosselini drehte mit Anna Magnani, für »Schicksalsjahre einer Kaiserin« schmachtete Romy Schneider in Ravello. Unlängst kam Brad Pitt für »Mr. und Mrs. Smith«. Diese Landschaft habe ihm erlaubt, so Regisseur Barker, der klassischen britischen »Tour« zu folgen, »in der die Reichen an einer heißen italienischen Küste ihren Gin Tonic trinken.«

Genau das ermöglicht der Film auch dem Publikum. Wer ihn gesehen hat, wird im nächsten Urlaub gerne nach den Drehorten suchen. Hilfe wird man jedoch kaum bekommen, die Touristenämter sind von einer Blasiertheit, die jedem Five o'Clock Tea bei Lady Windermere zur Ehre gereichte. Als Information über Amalfi gibt es nur ein buntes banales Faltblatt. Nichts zur Geschichte, nichts zur Kultur, nichts zu Wanderungen.

Er habe »Klingsors Zaubergarten« gefunden, schwärmte Richard Wagner in Ravello, auch Regisseur Barker erlag dem Charme des dreihundert Meter über dem Meer auf einer Hangterrasse liegenden Dorfes. Jeden Morgen die Vorhänge aufzuziehen und auf den »grandiosen, geradezu gewalttätigen Küstenabschnitt« zu sehen, sei eine reine Freude gewesen.

Scarlett Johansson schien die Landschaft weniger interessiert zu haben. Die Schauspielerin zog die Vorhänge ihres Zimmers zu, verlangte nach einem Videorekorder und packte ihre Kassetten aus. Während der Drehpausen am Set verzog sie sich, so erzählt Regieassistent Giuseppe Palumbo, in den Wohnwagen zu ihren Videospielen. In den Gassen herumzulaufen habe »Lady Windermere« nicht interessiert. Vielleicht war es ihr zu anstrengend, sie muss in Süditalien eine spektakulär auffällige Erscheinung sein, ätherisch weißblond und langbeinig. Vielleicht ist sie vor dem süditalienischen männlichen Temperament geflüchtet. Wenn an der einzigen Kreuzung von Amalfi der Verkehrspolizist immerzu in seine Trillerpfeife bläst, ist das Machtgehabe und Revierverhalten wie das Zwinkern des Kellners; ohne tiefe Blicke kann dieser genauso wenig den Café reichen wie der Hotelportier den Schlüssel. Jede Geste und jeder Blick in den Gassen und auf den Plätzen ist Versuch und Versuchung, und jeder kennt die Regel des Spiels: »Zwischen Männern und Frauen kann es unmöglich Freundschaft geben. Leidenschaft, Feindschaft, Verehrung, Liebe ja, aber keine Freundschaft« – so jedenfalls sagt es der Film-Playboy mit den Worten Oscar Wildes.

»A good woman« wurde im November und Dezember gedreht, neben dem Frühjahr die schönste Zeit für eine Reise an die Amalfiküste, die im Sommer rettungslos überlaufen ist. Mildes Winterlicht taucht Himmel und Wolken in goldene Töne und veranstaltet ein Wettleuchten mit blau-kühlen Neonröhren, die höhlenähnliche Autowerkstätten und Tischlereien erhellen. Über Nacht kann der *scirocco* losbrechen, der warme Wind aus Afrika, der Menschen unruhig macht und das Meer aufwühlt, als wolle er es der Küste überstülpen. Meterhoch werfen sich die Wellen an den Felsen auf, der Wind zerzaust die Palmen und wirft mit Bougainvilleen-Blüten um sich, die in Rot und Pink über die Treppen regnen.

Einige der Film-Locations von »A good woman« verriet der Regieassistent: In Atrani zieht sich die Treppe hoch, auf der Lady Windermere vom Playboy Darlington verführt wird – zum Sardellenessen, ebenfalls dort tritt Mrs. Erlynne nach dem Theater auf einen entzückenden Platz – vor der Kirche. Mrs. Erlynne ist die Verführerin, mit Herz und Charme dargestellt von Helen Hunt. In Atrani findet sich auch das Haus, aus dem sie einem Alten zuwinkt, der die »bella signora« grüßt. Es steht schräg gegenüber der Bar »La Risacca«, seit dem Dreh bröckelte ein Gutteil der rosafarbenen Fassade ab. Vielleicht hat der *scirocco* zu sehr an ihr gerüttelt.

In die Villa Rufolo in Ravello zog der Golfclub ein, in dem sich alle das Maul zerreißen über Mrs.

Erlynne, über die Gesellschaft und das Leben. Schlag auf Schlag fliegen die Argumente über den Tresen, dafür hat Oscar Wilde sein Aphorismen-Repertoire geplündert. »Es ist absurd, die Menschheit in Gut und Böse aufteilen zu wollen. Menschen sind entweder anziehend oder langweilig. Ich bevorzuge die anziehenden«, lässt er den Playboy argumentieren.

Wer früher hierher kam, hatte vielleicht Gedichte August von Platens im Handgepäck. Die Vorliebe, literarischen Vorlagen nachzureisen, hat sich aufs Kino übertragen. Die britische »Halifax Travel Insurance« untersuchte, wie sich Filme auf touristische Orte auswirken: mit Zuwächsen von bis zu zwanzig Prozent. Durch Kalifornien streifen weinselige Kinogänger, die »Sideways« sahen, Set-Jetter reisen in Neuseeland dem »Herrn der Ringe« hinterher oder wollen in Thailand »The Beach« finden. Für die Amalfiküste rechnet »Halifax Travel Insurance« ebenfalls mit einem starken Zulauf aufgrund des Films.

Ob das ein Segen ist? Geldgierig seien die Amalfitaner geworden, sagt der Assistent. So habe ein Laden in Amalfi, aus dem der Handschuh-Shop im Film werden sollte, für einwöchige Dreharbeiten vierzigtausend Euro verlangt. Das Glas Wein am Tresen kostet vier Euro, es gibt im ganzen Ort nicht einen unentgeltlichen Parkplatz, man bezahlt drei Euro die Stunde – Tag und Nacht.

»Ich kann allem widerstehen, nur keiner Versuchung« (Oscar Wilde): Für Produzent Alan Greenspan wird es vermutlich nicht der letzte Amalfi-Film sein. Ihm hat es hier so gut gefallen, dass er seinen Assistenten beauftragte, ihm ein Haus zu suchen. Die Preise sind jedoch so exorbitant gestiegen, dass Greenspan noch oft an einen Wilde'schen Aphorismus aus seinem Film denken wird: »Es gibt nur zwei Tragödien im Leben. Die eine besteht darin, dass man nicht bekommt, was man sich wünscht, und die andere darin, dass man es bekommt.«

Der blaue Lamborghini

Fünfzig Jahre Autostrada del Sole

»Mamma, wo fährst du denn hin?!?« Vincenzo saß auf dem Rücksitz, nach vorne gelehnt, die Ellbogen zwischen den Vordersitzen aufgestützt. Zehn Stunden, fünfzehn Stunden, wie lange sie schon fuhren, wusste er nicht. Es musste kurz vor Mailand sein, so viel Verkehr wie hier war. Den ganzen August hatte er mit seinen Eltern in Süditalien verbracht, wie jedes Jahr. Seine Haut war spröde vom Sommer am Meer, er war nur zum Schlafen ins Haus seiner Großmutter gekommen. Nun waren sie auf der Rückfahrt, von Kampanien nach Köln. Der Vater Italiener, die Mutter Deutsche. Natürlich fuhren sie die Strecke am Stück, sie hatten kein Geld, um unterwegs in einem Hotel zu übernachten, und keine Verwandten, die zum Arbeiten statt nach Deutschland nur bis in die Poebene emigriert waren. Selten genug, dass die Mutter fuhr. An diesem Tag aber hatten die Eltern kurz nach Florenz gewechselt, der Vater schnarchte, den Kopf weit zurückgelegt auf dem Beifahrersitz, Kopfstützen, das gab es noch nicht, in den siebziger Jahren. Der kleine Bruder hatte sich auf dem Rücksitz des *cinquecento* zusammengerollt. Und nun schlief, allem Anschein nach, auch die Mutter. Vincenzo schrie sie an, sie zuckte zusammen, riss das Lenkrad herum, der Vater wachte auf, schrie ebenfalls, vor Schreck. Halt an, halt sofort an. Nun fuhr wieder er.

Wie viele seiner Landsleute aus dem Süden kennt Vincenzo Cammarano die Autobahnen durch Italien fast im Schlaf. Er erinnert sich mit Grausen an diese Fahrten seiner Kindheit. Sein Vater war aus Süditalien nach Deutschland zum Arbeiten gegangen, Vincenzo kam in Köln zur Welt, »mindestens hundertfünfzig Mal« in seinem Leben sei er die Autostrada del Sole schon gefahren, erst als Kind, dann selbst, alle Jahre mehrmals, ein Pendler zwischen zwei Heimaten, wie viele seiner Generation. Sein Vater war anfangs mit dem Zug nach Deutschland gereist, doch so bald wie möglich hatte er sich ein Auto gekauft. Das war wichtig, nicht nur als Verkehrsmittel, sondern auch um zu Hause, im Süden, zu zeigen, dass man es zu etwas gebracht hatte in der Fremde. Als endlich die A1, die Autostrada del Sole, fertig gebaut war, verkürzte sich die Fahrzeit zwischen Mailand und Neapel von zwei Tagen auf einen langen Tag. »Symbol der nationalen Einheit und der Solidarität zwischen dem Norden und dem Süden«, nichts weniger sollte nach Politikerbekundungen das 754 Kilometer lange Asphaltband sein, dessen Grundstein Staatspräsident Giovanni Gronchi am 19. Mai 1956 in San Donato Milanese gelegt hatte. Im September 1956, nach Beginn des Autobahnbaus wohlgemerkt, fuhr eine Abordnung italienischer Politiker und Ingenieure in die USA, um Highways und Motorways zu besichtigen. Nach dieser Reise wurden die Pläne geändert und das ursprüngliche Vorhaben, die *autostrada* dreispurig

– mit einer abschnittweise die Richtung ändernden Mittelspur – zu bauen, fallen gelassen.

Vincenzos Vater hielt an den Raststätten nur an, um zu tanken. Vor allem auf der Rückreise nach Deutschland liebte Vincenzo die Schätze aus der Kühltasche. Dann hatte die Großmutter sie versorgt, mit *acqua sale* etwa: In Plastikschüsseln lag steinhartes Maisbrot, aufgeweicht mit Salzwasser, darüber zerquetschte winzige Tomaten aus dem Gemüsegarten der Oma und reichlich Olivenöl vom Nachbarn. Das traditionelle Essen der Fischer für die Fahrt aufs Meer passte auch für die Reise am Ende des Sommers. Einige Male fuhr die *nonna* sogar mit nach Deutschland. Dann war es zwar auf dem Rücksitz enger, dafür unterhaltsamer. Und ohne Rotwein in der Verpflegungstasche durfte gar nicht losgefahren werden. »Wie soll man denn essen, ohne Wein dazu zu trinken«, fragte die stets schwarz gekleidete Großmutter empört.

Der Bau der A1 war eine Pionierarbeit, so kam etwa nach Beendigung der 1176 Meter langen Brücke über den Po heraus, dass kein Gesetz die Freigabe so einer Brücke regelte. Kurzerhand stellte die Armee zehn Panzer zur Verfügung, sie fuhren über die Brücke, diese hielt, die Sache war erledigt. Natürlich hatte es in Italien zuvor schon Autobahnen gegeben, wie in Deutschland während der Zeit des Faschismus erbaut. Im September 1924 war der erste Autobahnabschnitt Europas eingeweiht worden, er führte von Mailand in Richtung der Oberitalienischen Seen. Mussolini schwärmte, die Autobahn sei eine großartige italienische Errungenschaft, »den Söhnen des alten Roms nicht unwürdig«.

Im Februar 1959 wurde mit der Strecke Neapel–Capua schließlich der erste Teil der A1 eröffnet, Mailand–Bologna folgte im Juli desselben Jahres, 2135 Fälle von Notenteignung gab es allein auf dieser Strecke, um komplizierte Entschädigungen von Grundeigentümern zu regeln. Am 4. August 1964 starteten in Mailand und in Neapel je ein Fiat 500, am Steuer saß je eine Studentin, um dem Bürgermeister der entfernten Stadt die Grüße des jeweils anderen zu überbringen. Die »Autosole« war eröffnet.

Und sie brachte nicht nur die damals »Gastarbeiter« genannten Arbeitsemigranten wie Vincenzo und seinen Vater auf ihre Pendelstrecke, sondern deutsche Touristen ins Land, schon bald ausgestattet mit Benzingutscheinen, des hohen Spritpreises wegen. Bald setzte ein Handel mit den Schecks ein. Wer angab, bis nach Taranto zu fahren, warum auch immer, bekam für dreitausend Kilometer vergünstigte Bons. Der Schwarzmarktpreis für die Zettel lag auf einer Kompromissebene: Die eine Seite strich eine Aufbesserung ihres Urlaubsetats ein, wenn sie, ganz ungeplant versteht sich, doch nur bis an den Gardasee fuhr, die andere freute sich, günstiger tanken zu können.

Acht Jahre und drei Monate hatte der Bau der A1 gedauert, wenngleich Spötter sagen, das Jubiläum müsste nicht »Fünfzig Jahre Beginn des Autobahnbaus«, sondern »Fünfzig Jahre Autobahnbau« heißen. Im ersten Jahr fuhren täglich nur rund sechstausend Fahrzeuge auf der Autostrada del Sole, was ihr den Spitznamen »dei soli«, »der Wenigen«, einbrachte. Ab dem Jahr 2000 waren es über achtzigtausend einzelne Fahrten pro Tag.

Wirklich schnell seien die Reisen der Kindheit nicht gewesen, erinnert sich Vincenzo. Offiziell erreichten zwar die fünfzehn PS von Vaters »Nuova 500«, wie der kugelige Fiat offiziell hieß, eine Spitzengeschwindigkeit von neunzig Stundenkilometern. Aber wohl nicht mit Gepäckträger. Von Deutschland wurden Elektrogeräte, Transistorradios, Kassettenrekorder in den Süden geschafft, und von dort brachte man Überlebensmittel wie Olivenöl, Tomaten, Nudeln und natürlich Wein, nicht nur die Tagesration für die *nonna*, über die Alpen. Meistens blickte Vincenzo im Auto immer starr nach vorne, auf die Straße und auf den Fahrer, weil der Vater einmal zu ihm gesagt hatte, er müsse mit ihm reden, um ihn wach zu halten. Doch er erinnert sich an eine Fahrt, die er fast nur rückwärts erlebte. »Kucke mal, ob der Anhänger schlingert«, hatte ihm der Vater aufgetragen. Und der schlingerte wirklich, beladen mit fünfhundert Liter Rotwein in Fünfzig-Liter-Glasflaschen. Das war nicht die Belieferung eines Weingroßhändlers, sondern die Getränkeversorgung für die Erstkommunion des Sohnes.

Später fuhr Vincenzo mit seinem eigenen Auto zwischen Deutschland und Italien hin und her, es war kein Fiat 500, sondern, auch der Sohn hatte es zu etwas gebracht, ein Alfa Spider. Die Geschwindigkeitsbegrenzung auf italienischen Autobahnen beträgt seit einigen Jahren hundertdreißig Stundenkilometer, die Bußgelder sind hoch. Doch hundertdreißig Stundenkilometer erschien ihm ziemlich langsam. »Ich fuhr zweihundert«, gesteht er. Nur im Vorbeihuschen sah Vincenzo am Straßenrand kurz vor Neapel den Lamborghini Gallardo, mit einer für dieses Auto ungewöhnlichen Lackierung: weiß-blau. Er gehört der Autobahnpolizei. Vincenzo ging vom Gaspedal, ohne die Bremse zu berühren, wurde einfach immer langsamer, der Lamborghini holte auf, scherte vor ihm ein, ziemlich rüde wurde er auf den Standstreifen gedrängt. Er verstehe fast kein Italienisch, behauptete er, was die Polizistin ihm nicht glaubte. Vincenzo ahnte, das würde kein gutes Ende nehmen. Also rückte er mit der Wahrheit heraus. »Ich bin schon so spät dran, und die Oma wartet mit dem Abendessen, sie weiß, dass ich heute aus Deutschland komme.« Als die Großmutter die *fusilli* in den Kochtopf warf, war Vincenzo bei ihr.

Piste mit Meerblick

Die Stille der Berge ist der Süditaliener Sache nicht

In den Städten und an den Stränden sind Momente der Stille selten, denn ohne Lärmteppich fühlen Süditaliener sich nicht wohl. Doch unweit Neapels, in den Monti Picentini, gibt es ein kleines Skigebiet – wie ist es wohl dort? Genauso. Im reizenden Bed & Breakfast legen die Mädchen morgens, bevor sie die Kaffeemaschine anheizen, die immer gleiche CD von Adriano Celentano ein, und jeder Gast im Haus scheint noch vom Bett aus per Fernbedienung den Fernseher einzuschalten. Am Parkplatz des Skigebiets tönt es aus jedem geöffneten Auto, am Skiverleih soll Musik Kunden anlocken, und an der Talstation des Liftes, wo in einem Snowpark Kinder und Erwachsene die ersten Schritte im Schnee lernen, herrscht eine Atmosphäre wie in einem Freibad. Im Sessellift ruft einer auf die Piste hinunter »Hou! Ingeniere!! Come va?« Der Sessel ist längst weitergeschwebt, da ruft der angesprochene noch Litaneien hinterher. Kurz gesagt: Die Stille der Berge ist der Süditaliener Sache nicht, wobei sie sich niemals bewusst darüber sind, welche Aura von Lärm sie mit sich in die Welt tragen. Nicht selten hört man als Begründung dafür, warum etwa ein Neapolitaner mit seiner Familie fürs Wochenende nach Laceno gekommen ist, den Satz: »Die Ruhe! Es ist so wunderbar entspannend in den Bergen.« Möglicherweise ist das ja alles relativ zu sehen.

Rosanna Pallante

An jenem Vormittag stieg die Temperatur nicht über minus sieben Grad. Das ist ungewöhnlich, denn auch wenn in Laceno manchmal der Schnee meterhoch liegt, sackt er doch tagsüber meistens zusammen. Aber an diesem Wintermorgen wollte die Sonne einfach nicht wärmen, Rosanna Pallante trat vor die Hütte, an diese eine Stelle an der Treppe, von der aus man manchmal das Meer sieht, und sagte zu ihrer Tochter: »Wieso haben wir eigentlich keine Strandbar, sondern dieses verdammte Rifugio?«

Dann ging sie wieder hinein in die kleine Küche, um Steinpilze zu säubern, Trüffel zu hobeln und den Teig für Nudeln zu kneten. Es würde nicht lange dauern, und die Skifahrer würden einfallen ins »Rifugio Amatucci«, Nummern ziehen und mehr oder weniger geduldig warten, bis ein Tisch frei wird.

Seit fünfundzwanzig Jahren führt Rosanna mit ihrem Mann die Hütte, sie steht auf dem Gipfel des Raiamagra, auf 1667 Metern über dem Meer, und diese Bezeichnung kann man wörtlich nehmen. Wenn die Tage klar sind, sieht man den Golf von Salerno, für Skifahrer aus dem Norden ein magischer Augenblick: Hinter der bewaldeten Bergkette der Monti Picentini breitet sich die Ebene von Paestum aus, dahinter glitzert in weiter Ferne die Wasserfläche, und als entferntesten Punkt sieht man die Punta Licosa.

Rosannas drei Töchter tragen auf, was sie in der Küche zubereitet. *Fusilli al tegamino* etwa, im Ofen überbackene *pasta*, gebackenen *scamorza*, der lokale Käse, oder Nudeln mit Trüffeln, die hier in den Wäldern wachsen. Eine deftige Bergküche kommt auf den Tisch, auch wenn das Meer in Sichtweite ist. »Fisch? Ich kann gar nicht mit Fisch kochen«, sagt Rosanna kokett. *Spaghetti* mit Muscheln hier heroben, das wäre doch ein Witz. Sie serviert Rotwein in Literflaschen mit Schnappverschluss. »Wasser wird hier wenig getrunken«, sagt Rosanna, und Lachfalten spinnen sich um ihre braunen Augen. Skifahrer würden sagen, dass man hinfalle, wenn man zu viel Wasser trinkt. »Gut fahren kann man nur mit Wein.«

»Wir kommen nicht zum Skifahren her, sondern zum Essen.« Der drahtige Zweiundsechzigjährige erzählt es redselig den Gästen am langen Tisch. Er ist schon etwas rotwangig geworden, sei es vom Kaminfeuer oder vom Wein. Vor dreißig Jahren, als hier die ersten Lifte liefen, hat er Ski fahren gelernt, jeden Winter ist er jedes Wochenende hier, sagt er. Aber nun ist es drei Uhr nachmittags, »jetzt mach ich die letzte Abfahrt«. Er habe wieder viel zu viel Nudeln gegessen, »mit so 'nem Bauch jetzt, wie soll ich da Ski fahren«, sagt der schlanke Mann.

Das Mittagessen wird, wie üblich im Süden, spät eingenommen, gegen zwei Uhr. Zum Frühstück essen Italiener für gewöhnlich ein paar Kekse; um den langen Ski-Vormittag zu überstehen, kehren sie zwischendrin bei Rosanna ein und zeigen auf die Vitrine mit den Walderdbeertörtchen.

Dazu trinkt man heiße Schokolade, wobei trinken kaum das richtige Wort ist: Die Schokolade hockt kakaoschwarz und dick im Becher und wird löffelweise genossen.

Danach treten die Skifahrer vor die Hütte, werfen einen kurzen Blick in die Ferne, ob man wohl das Meer sieht? Weit wellen sich die Monti Picentini, sie sind bis auf fast zweitausend Meter Höhe mit Buchen bewachsen. Eines Nachts hat es geschneit, am Morgen tragen die Bäume schwer an Schnee, alle Farben sind verschwunden, es gibt nur noch die schwarzen Stämme und die weiße Decke, Ski fahren wie in einer Druckgrafik. An einem anderen Tag zeigt sich, auf welchem Breitengrad hier Ski gefahren wird: Der *scirocco*, der warme Wind aus Afrika, fährt von Süden den Berg hinauf, schüttelt allen Schnee von den Bäumen, lässt ihn schmelzen und tropfen. Grau melierte Buchenstämme glänzen nass in der Sonne.

Der Sessellift läuft sommers und winters, aber welche Jahreszeit ihr besser gefalle, sei keine Frage, sagt Rosanna. Zwar verdiene sie im Winter viel mehr, »aber ich mag den Sommer. Man muss nicht so viele Klamotten anziehen«, sagt Rosanna und zupft verächtlich an ihrem Fleecepulli herum. Sie hasse die Berge, vor allem im Winter. Ski fahren sei furchtbar, allein diese unbequemen Schuhe. Im Sommer streift sie stundenlang durch den Wald, sammelt Erdbeeren. Damit setzt sie einen starken Likör an, den fast jeder nach dem Essen bestellt, zum Espresso.

»Im vergangenen Winter gab es fünf Meter Schnee«, Rosanna stöhnt. Und zwar nicht zusammengezählt auf den Winter gerechnet, sondern messbar aufeinander. »Ins Rifugio mussten wir einen Tunnel in den Schnee graben.« Bis Anfang Mai konnte man Ski fahren, da baden im Golf von Salerno die deutschen Urlauber schon im Meer.

Marzio Giannoni

»Ich bin auf Diät«, sagt Marzio. Dann sagt er: »Was soll's« und lässt sich ein Erbeertörtchen geben. »Schau mich an«, sagt Rosannas Tochter, reicht ihm den Kuchen und biegt ihren schlanken Leib, »einmal in der Woche was Süßes«, das erlaube jede Diät, wie man an ihr sehe. Marzio knurrt etwas vor sich hin, was nicht ungewöhnlich ist. Seit er auf Diät ist, hat der Besitzer der Liftgesellschaft schlechte Laune. Das unterscheidet ihn von seiner Frau Rosaria. Sie hat immer schlechte Laune.

»Seit fünf Jahren nicht eine Woche Urlaub, jedes Wochenende der Wahnsinn hier, kein zuverlässiges Personal, dem wir für ein paar Tage die Schlüssel in die Hand drücken könnten, und von allen Seiten werfen sie uns Knüppel in den Weg.« Die attraktive Süditalienerin schimpft wie ein Rohrspatz. Ihre Augen blitzen furios, ihre schwarzen Locken mildern kaum die Strenge des kantigen Gesichts. Einmal, eines erschöpften Abends, wirkt sie weniger wie die Besitzerin eines Skiliftes, sondern eher wie diejenige, die atlasgleich den Berg mitsamt seinen Liften auf ihren Schultern in die Welt stemmt.

Rosaria findet alles pure Schikane, einen Zoo mit Alpentieren habe sie eröffnen wollen, um mehr als nur Ski fahren anzubieten, »abgelehnt wegen Umweltbelastung«, knurrt sie. Von breiteren Pisten oder mehr Liften ganz zu schweigen. Denn: Das Skigebiet liegt im Naturpark Monti Picentini. Auch wenn das nicht viel heißen muss in Italien, ist doch nicht mehr alles möglich. Das Dilemma ist das immergleiche: Die Region wirbt mit dem Naturpark, Prospekte sprechen vom grünen Herzen des Südens, von einer der »schönsten Landschaften unseres Landes«, auf der anderen Seite sollte das Skigebiet größer und moderner werden, um Urlauber in die arme Region zu bringen. Für einen richtigen Winterurlaub reichen die Skianlagen nicht aus, zwei langsame Doppel-Sessellifte, das ist der ganze Skizirkus. Man sitzt in roten Plastikschalen, der Mann vom Lift kehrt mit einem dicken Besen den Schnee herunter, das ist der ganze Luxus. Ungewöhnlich für Skifahrer aus den Alpen sind die bis auf fast 2000 Meter Höhe gänzlich bewaldeten Berge. Kein grüner Nadelwald wächst hier, sondern Buchen.

Ein paar Ausländer kämen durchaus, erzählt Marzio. Laceno besteht aus Hotels und Ferienwohnungen, es ist kein Dorf, der eigentliche Ort heißt Bagnoli Irpino und liegt weiter unten, weiter weg vom Schnee. Einige der Apartments in Laceno gehören Franzosen, Schweizern, Engländern. Früher kamen sogar Amerikaner, als auf dem Montevergine noch eine Nato-Basis war.

Anfang der siebziger Jahre gründete Marzios Vater das Skigebiet. Es war, als hätte sein Vater, Ingenieur und begeisterter Skifahrer, seinen privaten Berg gesucht, erzählt Marzio, heute vierundfünfzig Jahre alt. Die Familie zog von Rom in die Monti Picentini. Zwei Winter lang beobachtete der Vater den Schneefall, die Berge, dann hatte er sich entschieden: Oberhalb des Lago Laceno sollte sein Skigebiet entstehen. Vor gut zehn Jahren fällte Marzios Vater einmal, weil ihm das Warten auf eine Genehmigung zu lange dauerte, zwanzig Bäume entlang einer Piste. »Zwanzig Bäume!«, rufen sie aus, wenn sie diese Geschichte erzählen, schlicht nichts sei das, angesichts des riesigen Waldes. Zwei Jahre auf Bewährung war die Strafe, die Genehmigung kam dann ein paar Tage später.

Gäste von jenseits der Alpen kommen wohl nicht, um einen sportlichen Winterurlaub zu verbringen. Wer hier Ski fährt, kann zwar durchaus mal durch Pulverschnee pflügen, vor allem aber eintauchen ins süditalienische Leben und Sein. Als Studienobjekt hierfür eignet sich die Liftschlange. Hier hört man nichts anderes als Italienisch, genauer gesagt: Dialekte des Südens. Männer – Frauen sieht man kaum – aus Apulien und Kalabrien, natürlich aus ganz Kampanien und sogar aus dem Latium, der Region um Rom, fahren hier Ski. Oder schnallen sich zumindest Ski an. Das Anstehen am Lift erfordert Toleranz gegenüber einheimischen Bräuchen: drängeln und schubsen. Mitunter geht dem Italiener jegliches Gefühl für Zeit und Raum verloren; Ersteres äußert sich bei Verspätungen aller Art, Zweiteres in einem Mangel an Distanz. Wer mit großen Familien in kleinen Wohnungen in der Altstadt Neapels wohnt, ist das gewohnt, er rückt dem Umstehenden auf die Pelle, als Mitteleuropäer fühlt man sich bedrängt. Man sollte es nicht persönlich nehmen.

Die meisten in der Liftschlange können sich so gerade auf den Skiern halten. Mit steifen Knien stehen sie da, rutschen auf der minimal geneigten Ebene immer wieder zurück. So kommt es zu Domino-Szenen, einer kippt, andere fallen hinterher, es entfesselt sich ein Gefuchtel mit Stöcken und staksigen Versuchen aufzustehen. Aber was das Schlimmste ist: Es ist nicht einfach, bei diesen Manövern den in vielen Sommern am Strand eingeübten Sonnenbrillen-Blick zu wahren. Holde Arroganz, dahin, dahin.

Die Pisten sind nicht breit, in manchen Passagen fühlt sich der Skifahrer wie auf einem Ziehweg, immer geht es durch den Wald. Zauberhaft ist das, so frisch verschneit. Praktisch sei das, sagt Marzio, der Schatten der Bäume verhindert, dass der Schnee schmilzt. Sie sind stolz darauf, dass man nicht auf Kunstschnee, sondern auf »echtem Schnee« Ski fährt. Damit dieser liegen bleibt, hat die Liftgesellschaft ein ungewöhnliches Mittel ersonnen: Sie streut Salz auf die Piste. Mittags, wenn der Schnee beginnt, klumpig zu werden, und in Batzen von den Bäumen auf die Skifahrer fällt, kreuzen zwei Angestellte des Skiliftes über die Pisten, ziehen hinter sich eine Pulka, schöpfen mit roten Henkelkrügen daraus Salz und streuen es über die Pisten wie ein Sämann den Weizen auf sein Feld. Das binde den Schnee, sind sie überzeugt. Der Umwelt schade es nicht, sagt Marzio, es sei nicht viel Salz, und wenn die Sonne drauf scheint, verdampfe es ohnehin in der Luft. »Pffft«, macht er und zeigt zum Himmel.

Rosaria holt noch einmal Luft. »Eine Woche

ans Meer«, wirft sie ihrem Mann hin. Dieses Jahr müsse es drin sein. Dorthin, wo richtig am Tourismus gearbeitet wird. Hier heroben, in den Bergen, murrt Rosaria, sei Tourismus nicht in den Köpfen der Leute. »Das sind alles nur Bauern, die haben ihre Kühe und ihre Ziegen, sie sammeln Trüffeln, das reicht denen, mehr interessiert sie nicht.«

Nicola Santulli
Mit vierzehn Jahren wurde Nicola Journalist. Er spielte Fußball in der Jugendmannschaft von Bagnoli Irpino und fand es ungerecht, dass die Lokalzeitung nie darüber berichtete. Also ging er in die Redaktion, sich beschweren. Solle doch er etwas schreiben, hieß es. So ist Nicola vor gut zehn Jahren Journalist geworden. Fast jedes Winterwochenende verbringt der begeisterte Skifahrer in Laceno, aber nun fuhr er in die Berge, um einen Unfall zu recherchieren: Ein Vierzehnjähriger aus Salerno kam am Monte Raiamagra ums Leben. Drei Jugendliche waren mit dem Lift hinaufgefahren, Ski hatten sie keine dabei, dafür Plastiktüten. Damit stiegen sie abseits der Pisten den Wald hinunter, rutschten und vergnügten sich, ohne zu wissen, wo die Talfahrt enden würde. Der Unglückliche stürzte einen Felsabsturz hinab. Ist die Liftgesellschaft verantwortlich, wird gefragt, warum kam der Helikopter so spät? Das Unglück zeigt, wie wenig vertraut die Menschen hier mit den Gefahren der Berge sind. Das Element Schnee ist ihnen fremd.

Lago Laceno ist das einzige Skigebiet in Kampanien. »Neapel sehen – und Ski fahren«, mit diesem Slogan sollen Touristen auf die Pisten gelockt werden; wem das Skigebiet für einen Urlaub nicht genug bietet, der soll eben vorher Neapel sehen. Doch in Irpinia, der Region in den Bergen, hört man diesen Satz nicht gerne. Capri, Ischia, Neapel, das sei das Einzige, was Fremde mit Kampanien assoziierten, sagt Nicola. Wenn ihn Freunde aus Latium besuchen, führt er sie herum, erst nach Avellino, dann zu abgelegenen Dörfern. »Es gibt hier so viele verborgene Schätze zu entdecken«, schwärmt Nicola, einer seiner Lieblingsorte ist die Bibliothek im Kloster Loreto, da führt er jeden Besucher hin.

Das geschwungene Barock-Kloster beherbergt eine historische Apotheke und eine beeindruckende Sammlung an Handschriften und Büchern. Hunderte von Mönche wachten einst darüber und betreuten die nahe Wallfahrtskirche Montevergine, heute leben hier noch zehn Benediktiner. *Don* Andrea in weißer Kutte und einem weißen Strickmützchen, weil es im Winter sehr kalt ist in den kahlen Gängen des Klosters, zückt einen übergroßen Schlüssel und lässt Besucher in die Bibliothek. Es gibt Manuskripte auf Palmblättern, die aussehen wie ein Damenfächer, Papyrus aus dem 12. Jahrhundert, ein Pergament von 1126, alles leidlich konserviert, wie es die Geldmittel eben zulassen, in riesigen Schränken und Schubfächern.

In Avellino liegt selten Schnee, zwar ist es nur eine halbe Stunde ins Skigebiet, doch in der Ebene wird es kaum je so kalt. Unterhalb der verwinkelten, schummrig beleuchteten Altstadt erstreckt sich der Corso Vittorio Emanuele II., auf dessen Bürgersteigen am frühen Abend die Stadt promeniert. Süditalienerinnen, deren bodenlange Pelzmäntel sie zu kleinen Tonnen machen, rollen durch die Straßen, man trifft sich in Cafés und löffelt heiße Puddingschokolade. »Warte nur, bis du die Schokolade im ›Rifugio Amatucci‹ probiert hast«, sagt Nicola dann zu seinen Freunden aus Rom. Ganz zu schweigen von den Erdbeertörtchen.

Der Blick aufs Meer vom Gipfel Raiamagra, davon redet er jetzt nicht, das Meer, meine Güte, für Italiener nichts Besonders. Aber dass er im vergangenen Jahr bis in den Frühling hinein Ski gefahren ist, dass manchmal über Nacht ein halber Meter Schnee fällt, dass man dort oben in den Monti Picentini sofort wie in einer anderen Welt lebe, weit weg vom Lärm der Städte, von der Kriminalität und dem anstrengenden Leben in Neapel, davon schwärmt er.

Ein feuchter Wind bläst den *corso* entlang, kälter und ungemütlicher fühlt sich das an als die Tage im Skigebiet. Noch immer unterbrechen Zahnlücken die Häuserzeilen, seit vor fünfundzwanzig Jahren ein Erdbeben in Irpinia viele Orte zerstörte, über dreitausend Tote gab es. Für den Aufbau kam Geld vom Staat, von der EU, kreuz und quer wurde renoviert und gebaut. Ein herrschaftlicher Palazzo am *corso* zerfällt seit 1980, neben dem Priesterseminar fand man nach dem Erdbeben römische Ruinen, das Gelände wurde eingezäunt, so sieht es bis heute aus.

Manches Dorf in der Umgebung, so etwa Rocca San Felice, präsentiert sich so schmuck wie ein Weiler in der Toskana, mit Terrakotta-Tafeln als Straßenschilder, renovierten alten Häusern und einem edlen Restaurant. Ganz offensichtlich ist in den Wiederaufbau nach dem Erdbeben von 1980 viel Geld geflossen. Doch dieses Geld schuf andere, riesige Probleme: Es weckte Begehrlichkeiten. Clans rissen sich um Baufirmen, doch nachdem der Aufbau weitgehend abgeschlossen war, reichte das Geschäft nicht mehr für alle. Möglicherweise war dies einer der Hintergründe für eine spektakuläre Schießerei in Lauro, einem Dorf in der Ebene. Am 28. Mai 2002 sterben bei einem Schusswechsel zweier verfeindeter Camorra-Clans drei Familienmitglieder. Das Ungewöhnliche: Alle Täter und Opfer sind Frauen.

»Hier oben gibt es keine Kriminalität«, in den Bergen des Skigebiets wird dieser Satz Besuchern schon zur Begrüßung entgegengestreckt. In den Bergen, weit weg von Neapel und der Ebene, könne man die Schlüssel im Auto stecken lassen, da passiere nichts, heißt es. Aber am Skilift sagt Nicola: »Also beim Kartenhäuschen würde ich die Ski nicht stehen lassen. Ist riskant. Da hängen die Neapolitaner herum.«

*

Sonntagnachmittag im Skigebiet. Die Kolonnen vom Lift tasten sich nun ins Tal. Am Parkplatz und an den Zufahrtsstraßen schwillt der Lärmpegel noch einmal an. Ski werden verstaut, Autoradios aufgedreht. Bevor die Menschen nach Hause fahren, in ihre Wohnblocks nach Neapel und zu den Dörfern in der Ebene, schlendern sie an den Verkaufsständen vorbei. Geröstete Kastanien gibt es und Trüffelprodukte, Schneeflocken fallen auf fast weiße Käselaibe. An der dritten Kurve hinab ins Tal halten viele Autos an. Hier sprudelt Quellwasser aus einem Brunnen, die Menschen aus den Städten füllen Plastikkanister mit Wasser. Wenn sie das zu Hause trinken, werden sie sich zurückerinnern an das Wochenende in den Monti Picentini. Wo es so ruhig war, und so erholsam.

Die Legende des verlorenen Schatzes

An der Küste der Mythen

Mit Mountainbikes in den Wald, immer nur durch den Wald, für Süditaliener ist das ein Traum. Und so sieht man im Nationalpark »Cilento e Vallo di Diano« immer wieder Trupps vergnügter junger Menschen durchs Gehölz strampeln. Marcello war eines Sonntags auch so unterwegs, auf den steilen Wegen des Hügels Civitella, vorbei an antiken Mauerresten. Da traf er drei Männer, eindeutig keine Sportler. Sie hatten einen Metalldetektor dabei, ein Schatzsuchgerät. Marcello sprach sie an, was sie hier machten? Ach, wir finden doch sowieso nichts, sei ihre kryptische Antwort gewesen. Marcello radelte weiter, rief aber mit dem Mobiltelefon die Polizei. Die kam gerade noch rechtzeitig, als die drei »Neapolitaner« in ihre Autos stiegen. Ein paar Münzen hatten sie bei sich. Marcello sagt, was alle hier denken: »Wenn jemand kommt und illegal gräbt, weil er die Funde verkaufen will, darauf reagieren wir allergisch.« Andererseits habe natürlich fast jeder zu Hause in Schubladen und Schränken antike Münzen und Scherben. So etwas habe jeder schon gefunden, im Weinberg oder auf dem Acker. Das bringe keiner zu den Archäologen. Schließlich seien das »Dinge unserer Vorfahren.«

Wer auf dem Boden der einstigen Magna Graecia, dem von den Griechen kolonialisierten Unteritalien, den Spaten in die Erde stößt, kann fast davon ausgehen, etwas zu finden, was deutlich älter ist als sein Spaten. Bevor die öffentliche Hand baut, untersucht die Archäologiebehörde den Platz; ein Privatmann hingegen muss keinen Antrag stellen, um zu bauen. Und wer dann etwas findet, der verhalte sich meistens still, berichten die Archäologen der Provinz Salerno. Sie seien immer die Bösen, sie würden den Fortschritt bremsen, heiße es. Aber wird etwas Schönes gefunden, »dann sind alle glücklich und drucken Broschüren.«

In diesem Sommer kam es, mal wieder, zu einem Skandal. In San Marco di Castellabate, hinter der Punta Licosa gelegen, war ein Hotel gebaut worden – auf einer römischen Nekropole aus dem 2. Jahrhundert nach Christus »zweihundert Gräber von römischen Seeleuten« seien nun verschwunden, das klingt skandalös, aber die Umstände sind verworren. Die Archäologen waren informiert, sie hatten die Gräber und Mauerreste untersucht, und dann, da es nichts Aufsehenerregendes barg, die Gräber zuschütten lassen, um sie so wenigstens zu konservieren, eine gebräuchliche Vorgehensweise. Nicht genehmigt war jedoch das Zerstören der antiken Mauern. Dafür hat die *sovrintendenza* den Hotelbesitzer angezeigt. Nun aber wirft sich der Bürgermeister ins Zeug, er habe die Gräber offen lassen wollen. Vielleicht schwebten ihm fremdenverkehrstaugliche Broschüren vor.

In den Jahrtausenden seit der Besiedelung haben sich eine Menge Legenden angesammelt, die vom vergrabenen Schatz auf der Civitella geht bis heute um. Das hatte wohl die Männer mit den Metalldetektoren angelockt. Im Wald streift auch Giuseppe Imbriaco gerne umher, aber er geht hier nur mit seinem Hund spazieren. Vor vielen Jahren war der alte Herr Bürgermeister des Dorfes. In den sechziger Jahren sorgte er, mit anderen jungen Männern aus Pellare, dafür, dass Archäologen in den Wald kamen. Die Alten hätten immer gesagt: »Da oben war ein Dorf!«, erzählt er. »Immer wieder buddelte einer herum, man fand Amphoren, Münzen, irgendwas kam immer zum Vorschein.«

Die Legende des verlorenen Schatzes geht so: Bei einer Belagerung erging an einen Soldaten der Auftrag, Schmuck zu vergraben. Der Soldat wurde aber getötet, die Schatztruhe nie gefunden. Dann trug die Muttergottes einem Mönch auf, er solle hinaufsteigen und unter dem Tempel der verfallenen Stadt graben und mit dem Schatz eine Kirche bauen. »Und?! Steht da nicht eine Kirche, auf dem Hügel?!«, sagten die Alten.

Einen jungen Pfarrer hatten sie damals, der fing ernsthafter mit der Suche an, erzählt Imbriaco, »er hat uns Junge angesteckt.« Sie fuhren mit ihrem Fiat 500 ins nahe Velia, dort leitete Professor Mario Napoli die Ausgrabungen. Immer wieder lagen sie ihm in den Ohren, erzählten von ihrem Hügel Civitella – »Cittá di Velia« müsse das doch bedeuten, waren sie überzeugt. Der Hügel sei wohl wichtig gewesen, räumte Napoli ein, er liege ja strategisch günstig. Der Enthusiasmus der jungen Männer habe ihn dann überzeugt, der Professor habe, illegal sozusagen, Geld aus Velia abgezweigt und auf der Civitella mit Grabungen beginnen lassen. Sie stießen auf mächtige Mauern. Dem Stand der Wissenschaft nach war Civitella nur ein Militärposten, aber in den Dörfern zu Füßen des Hügels sind sie überzeugt, es sei eine kleine Stadt gewesen, Cittá di Velia eben.

Eine andere Legende ist schuld, dass in vielen Häusern ein Kreuz aus Kastanienholz an der Wand lehnt: Während der Kreuzzüge lagerten Soldaten im Wald, einer schnitzte sich ein Kreuz, stieg hinauf zu der Kirche, die einen Tempel auf der Hügelkuppe ersetzt hatte, und ließ das Kreuz hinter dem Altar stehen. Ein Weinbauer sah dieses schöne Stück Holz, nahm es mit in seinen Weinberg, als Stützpfeiler für seine Reben. Und im Herbst trug dieser Weinstock üppiger als alle anderen. Glück soll es also bringen, ein Kreuz aus dem Kastanienwald der Civitella.

Solche Legenden mischen sich an der Küste des Cilento mit der Mythologie, hier, wo die zwei großen Irrfahrten der Griechen und der Römer kreuzten, die Odyssee und die Aeneis. Die Punta Licosa ist die Stelle, an der Odysseus sich dem Gesang der Sirenen stellen musste – zugegebenermaßen reklamieren auch andere Küstenabschnitte dies für sich –, und das Capo Palinuro trägt seinen Namen nach dem unglücklichen Steuermann des Aeneas: Der Meeresgott Neptun hatte Aeneas gestattet, auf dem Meer zu reisen, verlangte aber den Tod eines Mannschaftsmitglieds, und so fiel in der Nacht der Steuermann Palinuro just vor dieser Landzunge in Schlaf und ins Meer, der Unglückliche kämpfte tagelang mit den Wellen, um an Land zu kommen. Er schaffte dies, doch die Einheimischen, grausame Menschen, so Vergil in der Aeneis, ermordeten ihn und gaben ihm nicht einmal ein Grab. Der Küstenort aber erlitt Unglück, und ein Orakel riet den Bewohnern, dem Unglücklichen ein symbolisches Grab zu errichten.

»Plötzlich gebärdeten sich die Wellen wie in Wut entbrannt. Bewegt sie vielleicht der verzweifelte Kampf des treuen Steuermannes?«, so fragte der italienische Lyriker Giuseppe Ungaretti bei einer Bootsfahrt zur Halbinsel Palinuro. Er hatte sich 1932 weit in den Süden seiner Heimat begeben, auf die Spuren seiner – dichterischen – Vorfahren. Vorbeigleitend an der Küste begeisterte er sich an den Olivenhainen von Pisciotta: »Die Olivenbäume tragen eine Aura von Licht um sich, gerade wie Heilige«, doch vor allem das Meer entzückte Ungaretti, noch nie, so der Dichter, habe er Wasser von so klarer Transparenz gesehen wie am Capo Palinuro.

Mythologien sind oft verwirrend, nicht leicht zu verstehen, hat nun Aeneas, geflohen aus Troja, wirklich Rom gegründet? Kreuzte er in diesen Gewässern? Auf der Halbinsel Palinuro wurden jedenfalls Gräber aus dem 6. Jahrhundert vor Christus gefunden. »Bislang nur Gräber«, sagen die Einheimischen, »bestimmt ist da noch mehr.«

Nobile sah den Nordpol von oben

Eine »gelateria« erinnert an den Piloten im Eis

»Seit einigen Stunden ist der Nebel komplett verschwunden, die Pol-Landschaft zeigt ihr charakteristisches Antlitz so, wie ich es mir vorgestellt hatte. Grauer Himmel, einige Farben am Horizont. – Cielo grigio, con qualche colore all'orizzonte.« Mit vor Ergriffenheit bebender Stimme trägt der Museumsführer den Absatz aus dem Bordbuch vor, »General Nobile« habe das mit eigener Hand geschrieben, betont er. Vollendet wird der Eintrag mit der Notiz: »3.45 Uhr, wir sind am Pol, 12. Mai '26.« Man beachte die Uhrzeit, sagt der Führer, 3.45 Uhr, also nachts, aber dort oben sei ja zu dieser Jahreszeit nie Nacht. Nobile hat mit Bleistift geschrieben, wohl wissend, dass Grafit zum einen auch bei größter Kälte noch schreibt und zum anderen nicht verblassen kann wie Tinte.

Umberto Nobile wurde am 21. Januar 1885 in Lauro geboren, einem Dorf im Hinterland von Neapel. Selbst wenn man davon ausgeht – was eine berechtigte Annahme ist –, dass Robert Edwin Peary 1909 den Nordpol genauso wenig erreichte wie Dr. Frederick Cook ein Jahr zuvor, obwohl beide es behaupteten, gehörte der Pilot Umberto Nobile jedenfalls zu den ersten Menschen, die den Nordpol zumindest gesehen haben, als er mit seinem Luftschiff über den Norden der Welt kreuzte. Ob man den Blick auf eine graue Eislandschaft als Entdeckung des Nordpols gelten lassen mag, sei dahingestellt. Mit an Bord des Luftschiffes »Norge« waren Roald Amundsen und Oscar Wisting, die zusammen am Südpol gewesen waren, sowie Lincoln Ellsworth, ein amerikanischer Millionär, der das Unternehmen finanzierte.

Doch einige Jahre nach diesem Erfolg ließ Mussolini seinen General Nobile fallen wie eine heiße Kartoffel, es gab sogar einen Moment, in dem es schien, als sähe es der faschistische Diktator lieber, sein Held würde in Ehren in der Arktis erfrieren, als unehrenhaft zurückzukehren.

Die Ereignisse waren komplex: Die Norge-Expedition war ein Erfolg und wurde gefeiert, davon zeugt das Foto vom Juli 1926 im kleinen Museum in Nobiles Heimatdorf, aufgenommen bei einem riesigen Bankett in New York, sowie eine schwülstige Marmortafel, im September 1926 an der Außenwand von Nobiles Geburtshaus angebracht, zu Ehren des Sohnes der Stadt, »der mit dem Luftschiff ›Norge‹«, von ihm ersonnen und gesteuert, in den Himmeln der Pole flog«.

Nobile hatte an der Universität von Neapel studiert, wurde zunächst Ingenieur bei der Staatlichen Italienischen Eisenbahn und trat schließlich ins Militär ein, als Erfinder, Konstrukteur und Pilot von Zeppelinen. Das kleine Museum besteht hauptsächlich aus großen Fotostellwänden in schrillem Siebziger-Jahre-Design. Im Hinterland Neapels muss das verspätet modern gewesen sein, als das Museum 1985 zu Nobiles hundertstem Geburtstag eingeweiht wurde. Die Fotos sind schlecht zu sehen, es gibt kein Licht, Handwerker im Haus haben versehentlich Stromkabel gekappt. Wann das wieder repariert wird, wer weiß das schon. Einige Devotionalien konnten zusammengetragen werden, so das Telegramm mit der Erfolgsmeldung – »Alle ore 0.20 del 12 Maggio siamo giunti sul Polo – stop – alle ore 1.20 vi abbiamo lasciato cadere la bandiera nazionale. Alle ore 1.30 la croce.« – Um 0.20 Uhr am 12. Mai sei man am Pol angekommen, um 1.20 Uhr habe man die Nationalflagge abgeworfen – in Wahrheit drei Flaggen, die italienische, die norwegische für Amundsen und die amerikanische für den Sponsor – und um 1.30 Uhr wurde, in alter Konquistadorenmanier, ein riesiges Kreuz abgeworfen, ein Geschenk des Papstes. Illustriert wird dieses Ereignis mit einem Titelblatt des *Domenica del Corriere,* das eine Zeichnung zeigt. Den Flaggenabwurf beobachten dort verwundert zwei Eisbären.

Was treibt den Süditaliener in den Hohen Norden? Ruhmessucht, Forscherdrang, Egomanie, Abenteuergeist? Vermutlich wie bei allen vom Arktisfieber befallenen Männern der Zeit ein Cocktail aus all diesen Ingredienzien. In einem seiner Bücher beschrieb Nobile es so: »Die Anziehungskraft der Polregionen ist für jeden, der einmal dort war, unwiderstehlich. (...) Diese immense Einsamkeit, in der sich jeder Herr seiner Selbst fühlt, wer das einmal erfahren hat, vergisst es nie wieder. Das übt eine Faszination aus, der man nicht mehr widerstehen kann.«

Zwei Jahre später ist Nobile wieder im Norden, von Spitzbergen aus reist er wieder mit heißer Luft und mit Motor, sein *dirigibile* – das lenkbare Luftschiff – heißt diesmal »Italia«. Amundsen ist nicht mehr an Bord, die beiden sind heillos zerstritten. Amundsen, alt, schrullig und misanthropisch geworden, fährt eine Attacke nach der anderen gegen den »Emporkömmling«, er heißt ihn unverschämt, kindisch, egoistisch, einen albernen Offizier, einen Menschen »dieser halbtropischen Rasse«. Erneut überfliegt Nobile am 23. Mai den Nordpol, doch auf dem Rückflug kommt es zur Katastrophe. In schlechtem Wetter stürzt die »Italia« ab, neun Mannschaftsmitglieder landen auf dem Packeis, sechs weitere schnellen mit dem leicht gewordenen Luftschiff in den Himmel davon. Sie werden nie mehr gesehen. Eine weltweite Rettungsaktion läuft an, Amundsen stellt sich den Italienern zur Verfügung – aber Mussolini winkt ab, den Norweger will er nicht haben. Beleidigt chartert Amundsen ein französisches Flugzeug, mit neun Besatzungsmitgliedern heben sie am 28. Juni in Tromsö ab – und werden ebenfalls nie mehr gesehen.

Eine schwedische Fokker landet auf dem Eis, der Pilot besteht darauf, Nobile als Ersten auszufliegen. Dieser soll sich geweigert haben, worauf sich der Schwede wiederum weigerte, andere an Bord zu nehmen. Das muss ein rechtes Gezanke gewesen sein am kalten Polar. Schließlich ließ sich der verletzte Nobile ins Flugzeug hieven und nach Spitzbergen ausfliegen. Das nächste Foto an der orangen Stellwand zeigt die kopfüber liegende schwedische Fokker: Beim zweiten Flug havariert auch sie, schließlich wird die restliche Mannschaft vom russischen Eisbrecher Krasin geborgen, ausgerechnet.

Das sah nun Rom nicht so gerne. Nobile habe nicht nur den Absturz verschuldet, hieß es bald, sondern auch noch als Erster seine Haut gerettet. Hintergrund für die Polemik mag gewesen sein, dass Nobile Kommunist war. Er trat aus der Armee aus und ging endgültig von Bord: Die nächsten Jahre verbrachte er in der Sowjetunion, der Museumsführer zeigt verschämt auf Schecks in kyrillischer Schrift in einer Vitrine. Seinem Bild eines Helden kommt die zerfetzte graue Uniform näher. Der rechte Ärmel abgerissen, so habe Nobile das Unglück überlebt, sagt der Mann. Leider habe man aber das »berühmte rote Zelt« nicht bekommen, das liegt in einem Museum in Mailand. In diesem Zelt harrten die Männer aus, »nel pack«, wie »im Packeis« auf Italienisch heißt. Dafür kann man Nobiles beheizbare Schuhe bewundern. Sie sind aus Leder und mit Hermelinbesatz, und an den Fersen ragen Kabel heraus.

Lauro ist ein verschlafenes Nest, dominiert von einem mittelalterlichen Schloss, in den Gassen scheint nicht viel los zu sein. In Lauro gibt es eine Eisbar »Norge«, was ja originell ist, eine Pizzeria »Nobile« und eben das Museum, doch so sehr sich das Dorf im Hinterland von Neapel bemüht, mit diesen historischen Reminiszenzen berühmt zu werden, das Museum kennt kein Mensch.

Umberto Nobile kehrte erst nach dem Krieg in

seine Heimat zurück, er wurde einer der Väter des italienischen Grundgesetzes und starb im Juli 1978 in Rom. Seine zweite Frau, die Deutsche Gertrude Stolp, weihte das Museum ein und schrieb das Vorwort im kleinen Katalog. Außerdem muss sie Stapel von Autogrammkarten des Generale Umberto Nobile signiert haben; des Süditalieners, der als Erster den Nordpol sah. Wer brav allen Erklärungen des Fremdenführers zugehört hat, bekommt vielleicht eine geschenkt.

Broccoli. Täglich immer nur Broccoli

Es gab Gründe genug, auszuwandern – und zurückzukehren in den Cilento

Im gleißenden Licht des Südens wogt das Meer an die Küstenstraße heran. Die Blätter der mächtigen Pisciotta-Olivenbäume flirren silbern, Fischer ziehen ihre Boote an den Strand. Ein Idyll? Es gibt kein Idyll, auch nicht im Cilento, einem für italienische Verhältnisse einsamen Landstrich, südlich von Neapel gelegen. Das einstige kulturell hochstehende Gebiet der Magna Graecia war mit den Zeitläuften armes Bauern- und Fischerland geworden. Überbevölkerung und karger Boden passten schlecht zusammen, im 19. Jahrhundert wanderten die Menschen aus, nach Lateinamerika oder in die Vereinigten Staaten; nach dem Zweiten Weltkrieg zogen sie nicht ganz so weit, doch aus dem geplanten Jahr in der Fabrik irgendwo nördlich der Alpen wurde oft ein ganzes Leben. Aus heutiger, touristischer Sicht war die Abgeschiedenheit ein Glück, denn an der malerischen Küste war zu wenig Geld da, um große Hotelbauten hinzustellen. So scheint sich nun das Blatt zu wenden. Die Jungen ziehen nicht mehr geschlossen weg, viele bleiben, und das, ohne zu resignieren. Sie richten im armen Bauernhof ihrer Vorväter Fremdenzimmer ein, stellen Pferde in die Ställe und organisieren Reittouren oder sparen auf ein größeres Fischerboot, um den Urlaubern ihre Welt zu zeigen, ihr Leben auf dem Meer und in den Dörfern.

Bernardino Cappuccio
»Schätzen Sie mal, wie alt ich bin.« Wir spielen *Mastro* Bernardinos Lieblingsspiel. Das alte Schlitzohr. Neulich las er einer Gruppe deutscher Studentinnen aus der Hand. »Hab alles erfunden«, feixt *Mastro* Bernardino, »war aber lustig.« Wenn er so an einem Boot lehnt, im kleinen Fischerhafen von Pioppi, die erstaunlich glatte Haut über seinen Wangen spannt, der Schnauzbart die Mundwinkel nach oben zieht und er aus den wässrigen blauen Augen lugt, sieht man ihm zweierlei nicht an: Er ist zweiundachtzig Jahre alt und eine Respektsperson. Mit dem Ehrentitel *Mastro* sprechen ihn nicht nur die Fischer an, alle nennen ihn so. Umso mehr schmerzt es ihn, dass seine Lizenz nicht verlängert wurde: Er darf einfach nicht mehr rausfahren. Das will nicht rein in seinen kleinen, scharf gezeichneten Schädel. Früher gab es das nicht, dass einer, der sich nicht alt fühlte, zu alt sein sollte zum Fischen.

Wie hätten denn die Familien genug zu essen bekommen? Bis zu zehn Fischer saßen in einem Boot, einem *gozzo*, die die Werft in San Mauro bis heute so baut wie die Urform, mit der die Römer das Thyrrenische Meer befuhren. Wenn alle in die Ruder griffen, dann sah es aus wie eine Galeere, erinnert sich *Mastro* Bernardino. Fast wie Sklaven fühlten sie sich ohnehin. Die Boote gehörten Anwälten, Ärzten, den Reichen eben, kein Fischer konnte sich eines leisten, »wir wurden nur ausgebeutet.« Zweihundert Fischer mühten sich bis zum Zweiten Weltkrieg in dieser Tretmühle. Danach wurde alles anders. Viele junge Männer gingen zu Fiat, und bis heute fahren im Cilento viele Autos mit Nummernschildern aus Turin. Dort, in Norditalien, wurden die dunklen Kerle aus dem Süden fast ebenso wie Fremde behandelt wie jenseits der Alpen, wo es andere hinzog zum Arbeiten. Schwer abzuschätzen, wie sich der *mezzogiorno*, der Süden Italiens, entwickelt hätte, wenn nicht all die tatkräftigen Männer weggegangen wären.

Bernardino Cappuccio ging nicht weg, er wollte nie weg, und er wollte auch nie etwas anderes arbeiten. »Meine Mutter hat mich doch im Meer geboren.« Im Ernst? Der alte Fischer blickt erstaunt, wenn jemand die Metapher nicht versteht. Natürlich hat ihn seine Mutter nicht im Meer geboren. Aber so gut wie. Bernardino hatte 1950 sein eigenes Boot, und zwei Jahre später war er der Erste, der einen Motor montierte. Den hatte er aus einem Fiat 500 ausgebaut. Sein drittes Boot war zwanzig Meter lang und fuhr mit einem Motor aus Stuttgart. Das Einholen der Netze blieb Knochenarbeit, aus Spaß trugen sie Ruderwettkämpfe aus, von Pioppi bis zur Flussmündung in Casalvelino habe er hundertzwanzig Ruderschläge gebraucht, daran erinnert er sich genau. Er konnte sogar schwimmen. Wenn sich die Netze auf dem Meer verhedderten, tauchte er und entwirrte es. Dafür hatte er sich aus einer Plastikflasche einen Schnorchel gebastelt.

Nun arbeiten noch zehn Fischer in Pioppi, zu ihnen gehört der junge Marco Sodano. Wie *Mastro* Bernardino ist auch er kein stummer Eigenbrötler, die vielen Stunden in der Einsamkeit, mit dem Boot und dem Meer, haben ihm die Sprache nicht genommen. Alles, was er kann, so erzählt Marco, habe er von *Mastro* Bernardino gelernt. Und angesteckt hat er ihn wohl auch. »Ich will nichts anderes, als zwölf Monate im Jahr fischen. Eher noch mehr.« Doch in dieser Woche kann er nicht zum Fischen. »Die Delfine«, mehr sagt er nicht. Für Delfine sind die Netze der Fischer wie ein gedeckter Tisch. Sie schwimmen an das Netz heran, in dem sich die Fische verfangen haben. Jeder Biss ein Fisch, jeder Biss ein Loch. Die begeisterten Rufe von Urlaubern angesichts von springenden Delfinen sind den Fischern fremd. »Wir respektieren sie und ihre Intelligenz«, sagt Marco, »das Meer ist ihr Zuhause, nicht unseres.« Aber nun sitzt Marco vor seinem Boot und flickt von Hand zweihundertfünfzig Löcher, jedes dauert eine halbe Stunde. Das erklärt, warum in den guten Fischrestaurants, wie im »Il Morgana« in Casalvelino, das Marco beliefert, eine Fischplatte unglaublich frisch schmeckt, aber auch nicht ganz billig ist.

Marco hat sich ein größeres *gozzo* bauen lassen. In diesem will er Urlauber mit hinausnehmen. Er will keine Bootsrundfahrten anbieten, sondern zeigen, wo herkommt, was hier auf den Tisch kommt. »Das Meer ist wie eine Wüste«, sagt Marco. Aber alle paar Meter gibt es eine Oase, und da lege er seine Netze aus.

Mastro Bernardino nickt. Er scheint zufrieden mit seinem Schüler. Sicher wünscht er ihm auch einmal so einen spektakulären Fang wie er ihn hatte in der Nacht der ersten Mondlandung. Über zwölf Meilen waren sie hinausgefahren, weg von der Küste mit ihren schroffen Felsabbrüchen, weg von den flachen Stellen mit den Sandstränden. Am Morgen zappelten so viele Sardinen im Netz, dass sie es nicht einholen konnten, sie mussten einen Teil wieder freilassen. *Mastro* Bernardino schaut hinaus, als sähe er sich selber dort, auf der blauen Wüste, als sie ihn noch ließen. »Ich wollte nie etwas anderes machen. Auch wenn ich jetzt hier stehe und mit dir scherze, sehe ich die Fische.«

Enzo Cammarano
Mit beiden Händen fährt sich Enzo Cammarano durchs schlohweiße Haar. Diese Geste wird ihn während des Gesprächs nicht verlassen. Enzo arbeitet in der Verwaltung des Nationalparks »Cilento e Vallo di Diano«, er redet sich in Rage, die Zustände scheinen ihm zum Haareraufen. »An der Küste ist die Entwicklung schon gelaufen«, sagt er resigniert. Dort sei von der Ursprünglichkeit des Cilento nicht mehr viel erhalten. Das muss man relativ sehen. Für jemanden wie ihn, der im Hinterland zu Hause ist, sieht es an den Stränden geradezu überlaufen aus, auch wenn es weder Bettenburgen noch Hochhäuser gibt. Eine Hügelkette hinter der Küste beginnt das fast menschenleere Bergland. Versprengte Dörfer verteilen sich über die karstigen Berge, kaum ein Auto fährt auf den kurvigen Straßen.

Hier liegt der Nationalpark, mit einer Gesamtfläche von 181.000 Hektar ist er der zweitgrößte in Italien. 1997 wurde er in die Liste der Biosphärenreservate der UNESCO aufgenommen und gehört seitdem – mit den Ausgrabungsstätten von Paestum und Velia – zum Weltkulturerbe der Menschheit. Was nichts daran ändert, dass der Cilento zu den armen Regionen in Italien zählt. Das Durchschnittseinkommen liegt bei sechshundert Euro. Wobei dieses Einkommen hier ein besseres Auskommen ermöglicht als in den Städten des Nordens, denn die meisten Bewohner sind Selbstversorger. Bauernhöfe werden nicht als Monokultur betrieben, auch wer einen Hang mit riesigen Pisciotta-Olivenbäumen besitzt, hat Schweine und Ziegen, lässt Hühner über den Hof gackern, pflanzt Gemüse und Obst und vielleicht sogar Getreide an, um auch noch die *pasta* selbst zu machen.

Derart abgelegene Gegenden sind prädestiniert für Subventionen von der EU, und tatsächlich soll der Cilento 133 Millionen Euro aus drei verschiedenen EU-Töpfen erhalten. Damit sollen nicht nur kleine Betriebe finanziert werden, sondern vor allem das Landschaftsbild erhalten bleiben. Und so ließ der Bürgermeister der Nationalparkgemeinde Montecorice dreißig private Schwarzbauten abreißen. Da rieben sich einige die Augen, gerade das hatte in von der großen Politik unbeobachteten Dörfern funktioniert. Man baute ein Haus ohne Genehmigung, die kam später nach. Oder auch nicht, aber es fragte jedenfalls keiner. Und nun befreite die Abrissbirne abgelegene Orte von hässlichen Geldgeschwüren. Doch dann wurde der Bürgermeister zur Zahlung von damals zehn Millionen Mark verurteilt. Da er aber in der letzten Instanz doch Recht bekam, bleibt dies eine Geschichte mit gutem Ausgang.

Auf den Dorfplätzen ist der Cilento immer noch eine Männergesellschaft. Die alten Gestalten sitzen auf den Plastikstühlen vor der Bar, recken ihre Runzeln in die Sonne. Autoschlüssel schwingende junge Männer stolzieren vorbei, Frauen sind kaum zu sehen. Bis heute sind die Dörfer des Cilento nicht malerisch, toskanische Anmut fehlt der Landschaft und den Orten. Beides ist unverstellter geblieben. Die Dörfer waren lange sich selbst überlassen, vieles verfällt, vieles wird jetzt renoviert, aber dafür sieht man wenig Bausünden. Aber was heißt schon Bausünden? Wer in düsteren Räumen ohne Wasser und Strom aufwuchs, der sehnt sich nach Licht und Luft, nach einem modernen Haus. Zudem sind neue Häuser, und seien sie auch schwarz gebaut, so etwas wie ein gutes Zeichen, belegen sie doch, dass jemand in seine Zukunft investiert, an seine Zukunft glaubt. »Im Hinterland muss etwas getan werden«, so Cammarano, »die Dörfer sterben sonst aus.« Aber wäre diese Abwanderung denn wirklich so dramatisch? Was spricht dagegen, abgelegene Dörfer, die sich entvölkern, der Natur zu überlassen? Enzo hält dagegen: Die Menschen ziehen weg, weil Schulen und Postämter geschlossen werden. Sie würden bleiben, wenn sie eine Perspektive hätten, und die will er schaffen. In einer Wanderhütte im Nationalpark haben fünf junge Männer

Arbeit gefunden. Ein Elektriker, der vorher schwarz und wenig arbeitete, sich so durchhangelte, wurde für ein Jahr in einer neuen Anlage mit Ferienwohnungen beschäftigt. Der Elektriker meldete sich ordentlich an, gründete eine Firma und bezahlt nun zwei Angestellte. »Wir wollen im Nationalpark kein Indianerreservat schaffen«, ereifert sich Enzo in nächtelangen Diskussionen, sie könnten niemanden zwingen zu bleiben, aber er wolle mithelfen, das Umfeld so zu gestalten, dass engagierte junge Menschen nicht weggehen müssen, um eine Zukunft zu haben.

Italo und Marco Radano
Broccoli. Mittags und abends nichts anderes als Broccoli, und das drei Monate lang. Italo Radano hielt es nicht mehr aus. Bei ihm zu Hause und bei allen seinen Freunden, überall gab es nur noch dasselbe Gemüse zu essen, jeden Tag, den ganzen Sommer lang. Er war dreiundzwanzig Jahre alt, groß und kräftig, er wollte arbeiten, und er wollte vernünftig essen. Weder das eine noch das andere gab es in Casalvelino. Sein Sohn Marco hingegen häuft sich nun Vorspeisen auf den Teller. Danach kommen handgerollte *fusilli* mit Tomatensauce und Dorade mit Gemüse. Wenn Marco und seine Freunde heute im Hafenrestaurant von Casalvelino essen gehen, biegen sich die Tische, auf den Tellern kreuzen sich die Schätze des Meeres und des Hinterlandes. Schwer vorstellbar, in welch dürren Zeiten sein Vater aufwuchs. 1962 hatte dieser jedenfalls genug. Die deutsche Regierung bot Arbeitsverträge an, mit Hinfahrtticket, Italo

landete in der Nähe von Köln. Daher hat Marco seinen weichen Akzent, den kölschen, der Sohn von Italo und einer Deutschen aus Düren hat als Kind kein Italienisch gelernt, zu Hause wurde Deutsch gesprochen. Aber in ihm, da muss von Anfang an das andere gewesen sein, das Italienische. »Junge, lass doch die Hände ruhig«, sagte seine deutsche Großmutter zu ihm, wenn er wieder herumgestikulierte.

Die halbe Familie kam nach Deutschland, arbeitete in der Fabrik, schickte Geld in die Heimat, baute dort ein Haus. In diesem lebte Marcos Großmutter noch viele Jahre. Wie hat sie sich gefreut, als ihr Enkel zurückkehrte in den *mezzogiorno*, in das arme Süditalien. Doch dorthin war es für den großgewachsenen Jungen mit den schwarzen Haaren und den graugrünen Augen ein weiter Weg. Er ging in Deutschland in die Schule und verbrachte seine Sommerferien in Casalvelino. Einmal, mit vierzehn, war ihm die Zeit zwischen zwei Sommerferien zu lange. Er setzte sich in den Zug, riss von zu Hause aus, oder *nach* zu Hause.

Marco richtet sich ein Leben in Deutschland ein, verbringt seinen Urlaub im Süden. Mit Anfang zwanzig sitzt er auf der Hafenmauer, blickt auf den blauen Balken des Meeres. Ein Mädchen steigt aus dem Wasser, ihre langen Haare kleben am Rücken, um den Oberschenkel hat sie ein Messer gebunden, an einem Gürtel baumeln drei Tintenfische. Olga ist fünfzehn Jahre alt, sie zeigt ihm, wie man Tintenfische tötet: mit einem leichten Biss in den Kopf.

Marco in Deutschland. Er wird Zentralheizungsbauer, hat schnell einen eigenen Betrieb, mit zweiundzwanzig Mitarbeitern. Doch immer wieder habe er davon geträumt, »hierher« zu kommen. Irgendwann, sagt Marco, stellte er ernüchtert fest, dass er schon viel zu tief drin steckte in seinem Leben, dem Leben in Deutschland. Zur Hochzeit einer Cousine reist die Familie nach Casalvelino. Nur Marco ist auf keinem Foto abgebildet. Er trifft das Mädchen wieder, nach sieben Jahren sagt sie den richtigen Satz. »Als hätte ich dich gestern zuletzt gesehen.« Endlich begreift Marco, was seine unruhigen Hände ihm schon vor Jahren sagen wollten: Ich gehöre nach Italien. 1997 verkauft er seinen Betrieb, setzt sich mit seinen Ersparnissen in den Flieger, der kreist beim Landeanflug über Neapel, ein älterer Mann sitzt neben ihm, schaut raus, ruft begeistert: »Il Vesuvio!«, und in Marco breitet sich Heimat aus: »Jetzt schließt sich der Kreis.«

Der Dreißigjährige beginnt wieder zu lernen. Grammatik aus Büchern am Strand und im Alltag die Erkenntnis, dass sich italienisch zu fühlen und in Italien zu leben oft zweierlei ist. Einmal hat er eine Panne, der Abschleppdienst kommt nach Stunden. Es war ja schon fast Mittagspause, sagt der Mechaniker, und nach dem Essen sei er natürlich müde gewesen. Er selber, ereifert sich Marco, habe nichts gegessen. »Im Ernst?«, fragt der Mechaniker. Wenn er das gewusst hätte, hätte er ihm etwas mitgebracht. Das habe der Mechaniker, so Marco, in keiner Weise ironisch gemeint.

Olga, halb Italienerin, halb Brasilianerin, mit

Urgroßmüttern aus Deutschland, Russland und dem Regenwald, ist Marcos Frau geworden. Wenn die junge Juristin sich im Fischrestaurant über eine Vorspeisenplatte mit Langusten und Tintenfischen beugt, das Haar zum losen Knäuel verwirrt und die langen Arme eingewickelt in einen zu großen Pullover, dann sieht sie immer noch aus wie das ungebändigte Mädchen aus dem Meer. Marco und Olga arbeiten mit Immobilien und Ferienwohnungen. Marco sagt, er freue sich, dass nun Aufbruchsstimmung durch das arme Land weht, aus dem sein Vater weggehen musste, um anständig arbeiten und essen zu können.

Von einer herrlichen Leichtigkeit und Unordentlichkeit sind die Tage im Süden. Und ohne Maß bis zur Maßlosigkeit ist das Leben, und das Arbeiten. Die Renovierung des Sarazenenturms, den das Wappen von Casalvelino zeigt und der Olgas Familie gehört, hat sagenhafte dreiundzwanzig Jahre gedauert. »Aber er ist doch schön geworden, oder?«

Gianfranco und Paola

Jetzt spielen wir das Lied eines jungen Mannes, der in den Cilento kam, sich verliebte und blieb. Die Tischgesellschaft grinst. Aber das Lied, das Gianfranco und Paola anstimmen, ist älter als Marcos Geschichte. Schließlich sind die Menschen aus dem Cilento nicht nur emigriert, sondern auch dorthin gezogen. Angefangen bei den Griechen, die die Ebene von Paestum kolonialisierten, bis hin zu dem bayerischen Ehepaar, das sich auf einem Segeltörn in die Küsten verliebte und sich ein Haus kaufte, weil die Toskana sie »nie nicht interessiert hat«.

Gianfranco und Paola singen ein Lied nicht nur, sie spielen es vor. Die Musiker wurden eingeladen zu einem festlichen Abendessen in einem *agriturismo,* einem Bauernhof mit Fremdenzimmern, inmitten von Olivenhainen. Immer wieder stehen die beiden auf, das Besteckklappern wird leiser, wenn der Gitarrist die viersaitige *chitarra battente* des Cilento anschlägt. Er hätte das Zeug zu einem neapolitanischen Tenor. Weniger, was seine Stimme anbelangt, als seine Mimik. Er schmachtet die junge Sängerin an, mit Augenaufschlag und Pomadeblick, sein Schnauzbart zittert leicht, seine schwarzen Locken legen sich aalglatt um den Kopf, Stummfilmgebärden, noch übertroffen von seiner Partnerin, denn Paola Salurso könnte als griechische Schönheit auf einer antiken Vase abgebildet sein. Die großen Augen, die markante Nase, der riesige Mund. Ihre Stimme vereinnahmt die alten Lieder, hochdramatisch, ihre Hände beben, wenn sie singt. Die Zuhörer fangen beinahe an, sich um sie Sorgen zu machen. Doch wenn sie danach am Tisch sitzt und sich ein Glas Rotwein einschenkt, wird sie wieder eine fröhliche italienische Frau.

Warum sind die Lieder des Cilento so melancholisch und dramatisch? Gianfranco Marra, der sich als Musikethnologe betätigt und Liedersammlungen auf CDs herausbringt, erklärt. »Das Leben war nicht einfach, ein Dorf hier heißt sogar Terradura, harte Erde.« Der Cilento war ein gottverlassenes Land. Das meint auch der Satz »Christus kam nur bis Eboli«, den Carlo Levi als Titel seines Romans wählte. Der Arzt, Maler und Schriftsteller war unter Mussolini nach Lukanien verbannt worden, Eboli war der letzte größere Ort vor den Bergen, weiter, in die Dörfer, war Christus nicht gekommen – und der Cilento liegt noch etwas weiter südlich. Levi nannte dies »jene andere, in Schmerz und Brauchtum verstrickte Welt, die abseits von Geschichte und Staat liegt, dieses herbe, trostlose Land, wo der Bauer in Elend und Verlassenheit auf karger Scholle« lebt.

Davon ist heute nichts mehr zu merken, einen Gang nach dem anderen schafft die Wirtin heran. Praktisch alles stammt aus eigenem Anbau, so schreibt es das Gesetz vor: Neunzig Prozent der Lebensmittel in einem *agriturismo* müssen Hof und Garten erbringen. Also tischt die Wirtin wilden Löwenzahn als Gemüse auf, umhüllt Borretsch mit zartem Bierteig, flicht Haselgitter um die selten gewordene weiße Feige, die sie trocknet und mit Walnüssen füllt. »Alles ganz einfache Bauernküche«, beteuert sie ein ums andere Mal, dabei schaffen die alten Rezepte wahre Delikatessen.

»Terre dei tristi«, Land der Traurigen, heißt der Cilento zudem, doziert Gianfranco, aber eine gewissen Theatralik könne man ihnen auch nicht abstreiten. »Es liegt in unserer Natur. Wir sind ohne Maß. Wenn traurig, dann richtig traurig, wenn glücklich, dann himmelhoch.« Um die Zukunft dieser schwermütigen Musik mache er sich keine Sorgen. »Solange ein junger Mann noch unter das Fenster seiner Angebeteten tritt und so ein Lied singt, weil er überzeugt ist, nur so seine Liebe gestehen zu können, lebt diese Musik weiter.« Diese euphorische Antwort lässt die Frage kaum zu, wer außer ihm das noch täte.

Bei manchen Liedern singt der ganze Tisch mit, es sind *canzoni* mit religiösem Hintergrund, die in den Familien immer gesungen wurden. So hat das harte, karge Leben die Religiosität verstärkt. Keinen rächenden Gott besingen die Lieder des Cilento, sondern die süße, lockende, helfende Muttergottes. Hier im Süden ist Maria Himmelfahrt ein wichtiger Feiertag, wenn auch für viele *ferragósto*, der 15. August, hauptsächlich den Kulminationspunkt der Urlaubstollerei darstellt, wenn ganz Italien dem Mobilitätswahn huldigt. In Bewegung ist dann auch Gianfranco und viele mit ihm, aber sie fahren nicht an den Strand, sondern begeben sich auf eine traditionelle Prozession auf den Monte Calpazio hinter der Ebene von Paestum. Gianfranco bekommt wieder seinen Tenorblick: »Im Morgengrauen erreicht die Prozession den Gipfel, wenn Wolken vorüberziehen oder der Wind bläst, ist das geradezu gespenstisch, mit all den Kerzen und den alten Liedern, die wir während des Aufstiegs singen – und dann siehst du die Madonna mit dem Granatapfel!« Hier werde ein Glaube überliefert, der eindeutig älter sei als das Christentum, wurde doch schon die griechische Göttin Hera in ihrem Tempel in Paestum mit dem Granatapfel verehrt.

Paola beginnt zu singen: Kommt zu mir, kommt zu mir,/ ich will euch vergeben./ Im Bogen der Sterne krönt sich Maria,/ sie nimmt ihre Krone,/ in den Himmel entschwebt sie./ »Ich wollte einfach nur singen«, sagt die junge Frau. Sie begann mit Schlagern, wechselte zu Jazz, dann lernte sie Gianfranco kennen, »ich habe gespürt, das ist meine Musik«. Sie arbeitet als Lehrerin mit behinderten Kindern, wann immer es geht, tritt sie als Sängerin auf. »Ich möchte nicht«, sagt Paola, »dass unsere alten Lieder verloren gehen.« Die Rotweingläser sind fast leer, leise singt sie eine *ninna nanna*, ein Gutenachtlied, vor den Fenstern quaken Frösche.

*

Nachsatz: Es schien, als wollte sich *Mastro* Bernardino nicht damit begnügen, vom Ufer aus netzeflickend der Rückkehr der anderen Fischer zuzusehen; wenige Monate nach unserer Begegnung starb er. Im Sommer darauf kam die *tropea* besonders heftig, diese Zeit der Augustgewitter dauert, so heißt es, entweder drei oder sieben Tage, morgens kann man baden, nachmittags brechen starke Gewitter herein. »Aùsto capo 'e vierno« raunen dann die Fischer: Hinter dem August lauert schon der Winter. Eines Nachmittags fuhr ein Blitz mit ohrenbetäubendem Lärm nieder, er kappte eine Zinne des Sarazenenturms von Casalvelino.

Durch Macchia und Zitronengärten

Im Schritttempo an der Amalfiküste entlang

Wir sitzen am Strand. Das ist nun nichts Ungewöhnliches in Positano, dem äußersten Ort der Amalfiküste. Aber wir haben weder Handtücher noch aufblasbare Krokodile dabei, dafür Rucksack und Wanderschuhe. Gleich werden wir aufbrechen, uns von der Küste lösen, hinaufsteigen ins Hinterland. Wir sind mit dem Bus nach Positano gekommen, in wilder Fahrt die kurvige Straße entlang, auf der »Schlange des Asphaltweges, der den Ort, buchtaus-buchtein laufend verbindet«, wie Stefan Andres, 1937 nach Positano emigrierter deutscher Schriftsteller, dies beschrieb. Während der Fahrt redet der Busfahrer stets unbeschwert mit den Stammgästen. Er kennt hier jede Kurve, und das will er auch so beiläufig plaudernd zeigen. Wir nehmen Abschied vom Meer. Der fällt uns schwer, schon morgens heizt die Sonne die Luft auf. Na dann los.

Eine dreitägige Wanderung wird uns von Positano nach Ravello bringen, an der Amalfiküste entlang, meist weit oberhalb des Meeres. Menschengewimmel im Gassengewirr, es reißt nicht mehr ab, seit 1953 in *Harper's Bazaar* eine Reportage von John Steinbeck erschienen ist, der als Kriegskorrespondent hierher gekommen war. Seinem ersten Impuls, diese Entdeckung nicht zu verraten, folgte er nicht. »If I tell, it will be crowded with tourists and they will ruin it, turn it into a honky-tonk and then the local people will get touristy and there's your lovely place gone to hell. – There isn't the slightest chance of this in Positano.«

Er irrte, Positano ist wahrlich überfüllt von Touristen. Der Strand von Positano war der erste in Italien, an dem Bikinis zu sehen waren, was zusätzlich Publikum anlockte. Und hier, und nicht auf der vorgelagerten Insel, soll die Caprihose erfunden worden sein. Es gab damals noch keinen Pier, und die Damen mussten sich entweder von kräftigen Männern aus den Booten an Land tragen lassen oder bekamen nasse, schlabbernde Hosenbeine. Also ließen sie sich in Positano, ohnehin berühmt für seine Schneider, neuartige Hosen fertigen: eng, und nur bis unters Knie reichend.

Unverändert würfeln sich betörend schön die Häuser übereinander, nur durch Treppen, Stiegen, Gassen verbunden. Steinbeck hatte den Eindruck, dass in Positano die Welt senkrecht stehe. Wenn man einen Freund besuchen wolle, dann laufe man nicht, man klettere oder purzele.

Also klettern wir hinauf. Eine Treppe entlässt uns auf eine Terrakotta-Terrasse – mit der allerschönsten Postkarte vor Augen: Die kubischen Häuser, der Hafen voller Segelboote, die Küste, deren Linien sich zum Horizont hin multiplizieren: blaugrüne Berge oben, grünblaues Meer unten. Danach führt uns die Treppe wie viele Wege hier in einen blinden Kreislauf, der an das visuelle Perpetuum mobile von M. C. Escher erinnert. Auch er war hier. Und es gibt Zeichnungen von ihm, auf denen Positano wie eine Studie des berühmten Vexierbildes aussieht, auf dem Menschen immer im Kreis herumgehen, und dennoch immer treppauf. Eine hohle Gasse, von Bougainvilleen ganz beschattet, führt uns schließlich heraus. Aus einer kleinen Kirche dringt das Gemurmel gemeinsamen Betens. Eine Treppe herunter kommen ein Vater und seine pummelige kleine Tochter, beide in Badekleidung, sie hüpfen beschwingt zum Meer. Später folgt eine schwer beladene Familie, mit Kind und Kegel und Kühltaschen, sie machen sich auf zum Grillen an einem Bach. Es wird still.

Statt der berühmten Positano-Mode in den Auslagen, hauptsächlich mattfarbenen Rüschchenkleidern, streifen unsere Blicke nun Olivenbäume, fedrig blühende Kapernbüsche, ins Kraut geschossenen Fenchel und Johannisbrotbäume. Riesige Karstwände begrenzen den Weg, die Stefan Andres »die im Jahreskreis aufgrünenden und abgoldenden Kalkhalden des Kessels« nannte. Halbe Höhlen überwölben den Pfad, daneben schmiegt sich ein schmaler Bohnenacker, auf den Tropfsteine zeigen, die am Höhlendach hängen. Immer wieder sehen wir zwischen den Büschen weit unten das Meer, Badephantasien brechen in unsere Gespräche ein. Aus der Ferne tönt das Hupen der Busse.

Die Amalfiküste zählt wahrlich zu den schönsten Ecken Italiens, aber leider wissen das viele Menschen. Durch die drangvollen Orte zu schlendern oder gar von einem Ort zum anderen die überfüllte Küstenstraße zu fahren, das kann einen Urlaub anstrengend werden lassen. Fast kann man darüber vergessen, was einen hierher gezogen hat. Ganz anders ergeht es uns auf dieser Wanderung. Außerhalb der Dörfer treffen wir nur einmal auf einen Ziegenhirten, dessen Herde durch den Kastanienwald bimmelt und bummelt, und mal auf Bauern, die ihre pfadschmalen Terrassen bestellen. Während wir im Schritttempo die Landschaft durchstreifen, haben wir alle Zeit der Welt, die Küstenlinie und das endlose und endlos blaue Meer zu bewundern.

In Montepertuso in den Bergen ist der Sportplatz die bei weitem größte ebene Fläche des Ortes. Hähne und Hunde verkünden den Auszug der Wanderer. Weiter geht es nun weniger steil durchs Land. Was unten an der Küste Buchten bildet, sind hier Taleinschnitte, denen wir folgen. Es geht gegen Mittag zu, auf dem Weg steht die schwere, heiße Luft, *Macchia*-Geruch steigt auf, Kräuter, die gestreift oder zertreten von den Wanderschuhen Würze aushauchen, und über allem süßer Duft von Eselsdung. Zitronenfalter umflattern Kissen von kleinen, gelbstruppigen Blüten.

Mittagsrast in einer *trattoria*, aus den weit geöffneten Fenstern sehen wir am rechten Bildrand gerade noch die Häuser von Positano. Wir sind schon schön vorangekommen. Wir verzichten auf *scialatielli*, breite, dicke Nudeln mit üppiger Soße, essen nur – mit Blick auf die Insel – eine *caprese*, Tomatensalat mit Büffel-*Mozzarella*, von reichlich Olivenöl vergoldet.

Unser Weiterweg folgt dem »Sentiero degli Dei«, dem berühmtesten Wanderpfad dieser Region. Wenn wir zurückblicken, wird klar, dass Capri eine natürliche, nur vom Land abgeschnittene Fortsetzung der Costiera Amalfitana bildet.

Nach vorne sehen wir den weiteren Küstenverlauf, bis hin zur Bucht von Salerno.

In Bomerano kauft sich der Dorf-*Carabinieri* in der Gelateria »Naclerio« ein *Stracciatella*-Eis. Im Becher, denn in der Hitze am tropfenden Eis in der Waffel rundum zu lecken, das wäre seiner Würde wohl abträglich. Vor der *gelateria* breitet sich eine *piazza* aus, zwischen unansehnlich gewordenen Neubauten und der Durchgangsstraße. Die zehn Alten, die auf campariroten Plastikstühlen unter dem ausladenden Schatten einer Magnolie sitzen, stört das wenig. Sie sehen vier Männern beim Kartenspielen zu. Außer der Eisverkäuferin ist keine Frau zu sehen. Alle Männer tragen sauber gebügelte, langärmlige Hemden, keine Shorts, keine Bauernkleidung.

Zu Anfang fällt einem das auf, in jedem Dorf: die alten Männer, die entweder nur nebeneinander auf Stühlen vor den Häusern sitzen, oder vor dem Café beim Kartenspiel. Nach einiger Zeit im Süden wird dieser Anblick so selbstverständlich, dass man ihn nicht mehr wahrnimmt. Man würde erschrecken, säßen in einem Dorf die Männer nicht irgendwo beisammen.

Ein Gemüselaster kommt herbei, aus schepperndem Lautsprecher preist er seine Ware an. Je eine kleine Kiste mit Melonen, Tomaten oder Pfirsichen kostet drei Euro. Am Abend essen wir endlich Nudeln, und zwar »Vermicelli cù 'o pesce fujuto«, *pasta* mit geflüchtetem Fisch, sprich: ohne Fisch, dafür mit wunderbar aromatischen Tomaten.

Tomaten, Oliven, dieser Segen des Mittelmeerraums! Doch die landschaftsbestimmende Frucht der Amalfiküste ist die Zitrone. Im 14. Jahrhundert beginnt im großen Stil der Anbau von Zitrusfrüchten, dafür wird die Küste mit Trockenmauern umspannt, ein gigantischer Eingriff ins Landschaftsbild. Im Hinterland durchstreifen wir noch einen der riesigen Wälder aus Kastanien, aus deren Holz wurden Stützpfeiler für die schwer tragenden Zitronenbäume gefertigt. Zuvor reichten undurchdringliche Wälder bis an die Küste, dort lebten Wölfe, Rehe, Wildschweine, Hasen, über den Höhen von Positano kreisten Falken, vom Stauferkönig Friedrich II. so geschätzt. In dieser Zeit, vor schon tausend Jahren, erschien Reisenden die Amalfiküste nicht pittoresk, sondern modern, fortschrittlich. Die Seemacht hatte durch ihren Kontakt mit der arabischen und dadurch auch der fernöstlichen Welt einen Wissensvorsprung und ein luxuriöses Leben. Es gab raffinierten Zucker, Sorbets und *caffè*, sie stellten Seide und Samt her und konnten mit dem Kompass navigieren. Ein Händler aus Bagdad, Ibn Hawqal, berichtete, Amalfi sei die wohlhabendste Stadt der »Langobarden«, die adligste, die edelste, reichste und opulenteste. Arabische Wörter flossen in die Sprache ein, so hieß die Zitrone zunächst »Limunczello«, und Einheimische nennen bis heute ihre Zitrusterrassen *giardino*, Garten, nach dem arabischen »jarden«.

Diese Gärten zähmten die Natur. Aus wilden Schluchten und Bergen wurde ein landwirtschaftlich intensiv genutztes Gebiet, eine drastische Veränderung, vergleichbar dem ungestümen Bauen der sechziger Jahre des 20. Jahrhunderts – wenn auch Erstere heute anders wahrgenommen wird.

Zitronen, groß wie Pampelmusen, hängen schwer über den Wanderweg. Üppig, und doch nur ein Rest einstiger Anbaufülle. Noch 1950 wurden von der Amalfiküste neuntausendsechshundert Doppelzentner Zitronen exportiert, zehn Jahre später waren es gerade noch fünfundvierzig Doppelzentner. Terrassierung und kleinteilige Parzellierung bedingten teure Produktion. Was Wunder, dass die Landwirte sich gerne dem Tourismus zuwandten. Kampanien ist mit den Großstädten Neapel und Salerno die am dichtesten besiedelte Region Italiens, die Küste wird ihr Erholungsgebiet. Die Orte wuchern, wachsen die Hügel hinauf, und nicht immer geht es dabei ganz nach dem Gesetz zu, genau genommen: in den seltensten Fällen. Im Jahr 1983 stellte eine Kommision fest, dass von den Gebäuden, die in den vorausgegangenen drei Jahren zwischen Positano und Praiano entstanden waren, sage und schreibe 93 Prozent Schwarzbauten waren. Ein Ende dieses unregulierten Bauens brachte 1997 die Aufnahme der ganzen Küste in die UNESCO-Liste des Weltkulturerbes. »Kein Balkongeländer darf man mehr ändern«, beschweren sich jetzt Einheimische.

Bald werden wir wieder eintauchen in Menschengewimmel im Gassengewirr, ein gepflasterter Maultierpfad bringt uns hinunter nach Amalfi. Die Stille weicht einer Geräuschkulisse, irgendwo wimmert immer ein Kleinmotor, eine Kettensäge, ein Einhandrasenschneider, eine Insektizidspritze, eine Heckenschere, ein Mofa. Wenn es plötzlich ruhig wäre, würde dann einer erschrocken losrennen, um Lärm zu entfachen?

Abendvesper in der winzigen Kirche San Giovanni a Mare in Amalfi. Die Tür steht offen, ein junger Pfarrer hält die Messe, ein etwa neunjähriges Mädchen assistiert ihm als Ministrantin. Acht Frauen sitzen in den vier Kirchenbänken, damit ist die kleine Kirche gut gefüllt. Der Gesang der Frauen tritt hinaus aus dem kleinen Haus, steigt die nächsten Gassen empor, zu den Küchenfenstern der Nachbarinnen, die heute Abend nicht zum Gottesdienst kommen konnten. Wer weiß, vielleicht wechseln sie sich ja ab. Später, weiter unten im Ort, gehen drei ältere Frauen an einer großen Nische mit einer Christusfigur vorbei, sie reden miteinander, im Vorbeigehen bekreuzigen sie sich, so lapidar und selbstverständlich, wie ein Autofahrer die Kupplung tritt.

Schwalben umschwirren Amalfis *campanile*, drei runde Frauen mühen sich die imposante Domtreppe hinunter, wie sie diese wohl hinaufgekommen sind? Ihre Vorfahrinnen, wohl weniger gut genährt, waren die Lastenträgerinnen der *costiera*, Körbe aus Kastaniengeflecht, die sie sich auf den Kopf wuchteten, trugen sie hinunter zum Meer und zur Straße, mit über fünfzig Kilo Limonen aus ihren Gärten.

Unsere drei Damen legen eine Rast ein, an einer Eisdiele. Eine hat ihr Eis schon in der Hand, die anderen fragen um Rat. Ananas schmecke gut, gibt sie Auskunft, »aber die Granita di Limone ist das Ende der Welt«. Das soll heißen: Es schmeckt überirdisch gut. Die Umstehenden lachen, sie zuckt resigniert mit den Schultern. »Ich mag so gern Süßes, was soll ich machen? Ein Zitroneneis ist stärker als ich.«

Familienfotos statt Familienfeste

Fünfzig Jahre Anwerbevertrag für Gastarbeiter – aus der Sicht der Frauen, die mitfuhren oder dablieben

Dort hinten tanzt das »deutsche Ehepaar«, hieß es auf dem Dorffest in Pellare im Cilento, sehr deutsch sahen sie aber nicht aus. Doch ebenso, wie die Auswanderer nach Südamerika noch heute »Venezolaner« genannt werden, nennt man auch Elena und Giuseppe »die Deutschen«. Elena kommt aus Apulien, sie war ein Jahr alt, als ihre Eltern nach Ludwigshafen gingen, zum Arbeiten. Ihr Mann ist aus Pellare, beide sind nun Mitte vierzig. In Ludwigshafen hatten sie ein Restaurant, aber nun sind sie zurückgekehrt in die Heimat des Mannes. »Ein Fehler«, sagt Elena. Als Erholung nach der vielen jahrelangen Arbeit, dafür sei es gut gewesen, sagt Elena. »Aber wir gehen wieder zurück, machen wieder ein Restaurant auf.« Die Tochter war in Deutschland geblieben, der dreizehnjährige Sohn mit ihnen nach Italien gekommen, nun sei es nicht so einfach, dem Sohn den neuerlichen Umzug beizubringen. Er habe sich mittlerweile gut eingelebt in Pellare. Aber er habe eben in Deutschland viel bessere Chancen, hofft Elena. Bevor sie also wieder auswandern, besucht Elena noch einmal das Dorf ihrer Eltern, im Süden.

»Esslingen« steht in verschnörkelter Schrift auf dem Zinnteller an der Wand, auf einem Küchenregal verstaubt ein Bierglas mit dem Aufdruck »Augustiner Bräu München«, eine rustikale Eichenschrankwand verdeckt nur ein kleines Eck der gigantischen Fototapete mit Alpensee im Herbstlaub – Spuren, die nach Deutschland führen, finden sich in vielen Häusern in San Vito dei Normanni. Von hier, aus dem tiefen Süden Italiens, emigrierte in den sechziger Jahren rund ein Drittel der zwanzigtausend Einwohner, die meisten gingen nach Deutschland. Wenn heute ein Fremder über die *piazza* schlendert, wachen die alten Männer auf, die im Schatten der Bar die Hitze aussitzen, erinnern sich ihrer Sprachkenntnisse und rufen vergnügt: »Gutten Tack, afielasehn, dankescheen!« Damals, in den Sechzigern, brachten sie alle Energie auf, die die Hitze zuließ, fragten den Bürgermeister, wie man einen Pass fürs Ausland bekommt, ein Cousin oder ein Nachbar vermittelte eine Adresse, die Ersten der großen Emigrationswelle reisten mit dem Arbeitsvertrag in der Tasche sowie mit einer bezahlten Fahrkarte ab.

Warum nur haben Millionen von Italienern das auf sich genommen, haben sich entwurzelt, gerade sie, aus den Dörfern des Südens, die doch so eingeboren waren in die harte Erde, in ihre Scholle, in ihr Leben dort?

Um das zu verstehen, muss man das Süditalien der Nachkriegszeit heraufbeschwören. Die Familien waren überbevölkert und unterernährt, es gab im Grunde keinerlei Arbeit als die auf den Feldern, keine Perspektiven. Die einstöckigen Häuser von San Vito dei Normanni duckten sich in die Ebene, Straßenzüge fransten aus in die Felder, alles briet in der Hitze, am fernen, flachen Horizont verschmolz der Abend mit dem Morgen, der Morgen mit dem Mittag, der Mittag mit dem Abend. Alles schien immer schon so gewesen zu sein, und auch zu bleiben. Es gab keine Kanalisation, keine *pizzeria* und für Frauen keinen Grund, über die *piazza* zu schlendern.

Dann sprach es sich herum, dass im Norden Europas das knapp war, was der Süden im Überfluss besaß: Arbeitskräfte. Einzelne wagten sich vor, und sie verbreiteten die Kunde: »C'è lavoro!« – dort gibt es Arbeit. Plötzlich tauchte etwas anderes auf als der immergleiche, armselige neue Tag: eine Zukunft. Im Dezember 1955 unterschrieben die deutsche und die italienische Regierung den ersten Anwerbevertrag; von 1955 bis 1993 kamen aus Italien rund 3,75 Millionen Menschen nach Deutschland.

Erinnerungen verleihen der Zeit in Deutschland einen milden Schein, denn es waren die Jahre, als sie jung waren und Arbeit hatten. Es kommt vielen Emigrantinnen vor, als hätte es nichts gegeben, was dunkle Schatten werfen konnte. Doch Schimpfnamen warteten überall in der Welt auf sie. »Chianti« nannten die Amerikaner die Italiener, was Betrunkene heißen sollte, oder »Guinea«, als wären sie Afrikaner. Wir Deutschen hießen sie »Spaghettifresser«, »Itaker«, »Katzelmacher« und natürlich »Mafiosi«. In manchen Städten hingen Schilder an Kneipen: »Zutritt für Italiener verboten«. Emigranten erzählen bitter, es sei einfacher gewesen, eine deutsche Freundin zu finden, als ein paar deutsche Freunde. Aber dennoch wollen sie nichts auf Deutschland kommen lassen: Dort funktioniere alles, die Bürokratie sei unkompliziert. Über die Beziehung zwischen Deutschen und Italienern kursiert ein bitteres Bonmot unter den Heimkehrern: Die Deutschen lieben die Italiener, aber sie schätzen sie nicht. Die Italiener schätzen die Deutschen, aber sie lieben sie nicht.

Anna Russanna

»Die Blonde meint, der Schöne sei ihr Bruder, dabei ist es ihr Vater!« Anna Russanna isst einen Teller *pasta* mit Tomatensoße vor dem Fernseher, und wenn um die Mittagszeit Besuch kommt, was selten geschieht, erklärt sie rasch die Intrigen ihrer Lieblingsserie, die sie jeden Tag anschaut. Sie kennt die TV-Familie so gut wie ihre eigene, nur dass die Reichen und Schönen präsenter sind als ihre Söhne und die Tochter. Der eine Sohn lebt in Deutschland, der andere und die Tochter wohnen zwar in ihrer Nähe, doch das legendäre dicht gesponnene Netz süditalienischer Clans, es fängt nicht mehr alle auf. Als junge Mutter hat Anna in Deutschland gearbeitet, sie ging 1968 zusammen mit ihrem Mann nach Reutlingen. Damals lösten sich die Bindungen. Denn Anna hat, wie viele Italienerinnen, ihre kleinen Kinder in der Heimat zurückgelassen, sie wuchsen zunächst bei der Großmutter auf. Sie sah ihre Kinder nur zweimal im Jahr, in den Ferien kamen sie zu ihr nach Deutschland, an Weihnachten fuhr sie mit ihrem Mann nach Italien. Erst als die Söhne größer wurden, hat sie sie zu sich geholt.

Auf ihrem Küchenschrank steht Nippes, braune Blumenvasen, leere Schmuckflaschen, und auch ein Bierseidel von »Schwabenbräu«. »Ich war glücklich in Deutschland«, sagt die burschikose Frau, deren kräftige graue Haare rebellisch vom Kopf abstehen. Sehr freundlich seien sie behandelt worden, dennoch sagt sie mit dunkler Stimme: »Diese Opfer würde ich nicht noch einmal bringen. Es hat sich nicht gelohnt.«

Die Sehnsucht nach ihren Kindern habe sie nächtelang nicht schlafen lassen. Manchmal half telefonieren, aber das war kompliziert. Die Eltern hatten kein Telefon, wenn man anrufen wollte, musste man stundenlang an der Post anstehen, das Gespräch vorher anmelden. »Und die Verbindung war so schlecht, man verstand sowieso kaum etwas.« Froh waren sie, dass in Italien so oft eine neue Regierung gewählt wurde, denn um an die Wahlurne gehen zu können, gab es jedes Mal Freifahrscheine mit der Bahn.

Und nun sitzt Anna mittags alleine mit einem Teller Nudeln vor dem Fernseher. In ihrem Haus. »Erst haben wir auf das Grundstück gespart. Dann haben wir das Haus gebaut.« Doch bald nach der Rückkehr aus Deutschland wurde ihr Mann krank und starb.

Anna schwärmt von ihrem Vermieter in Reutlingen, eine Seele von Mensch sei das gewesen, aber seine Tochter kümmerte sich nie um ihn, das war etwas, was Anna nicht begreifen konnte. Sie luden den alten Mann zum Essen ein, Anna kochte *spaghetti* mit *ragu*. »Er war begeistert und sagte, er wolle öfter kommen, aber dafür bezahlen.« Er durfte nie bezahlen. Dafür richtete er ihr morgens vor der Wohnungstür einen kleinen Stoß hin, Holzspäne, zerknülltes Papier und Kohlen. »Es war so kalt in Deutschland für uns, er fragte immer, ob wir den Ofen anbekämen.« Hatte Anna Spätschicht, lehnte er oben am Fenster, wenn sie nach Hause kam. »Was mackst du da?«, fragte ihn die resolute Anna. »Ich passe auf dich auf«, sagte der Alte.

Wenn Anna in ihrem Esszimmer sitzt, sieht sie rund um den Fernseher die Fotos ihrer zerstreuten Familie. Das sei das Schlimmste an der Emigration, sagt Anna, dass die Familien auseinander gerissen wurden. »Für uns aus dem Süden ist das Zusammensein und Zusammenstehen das Wichtigste, das Wegfahren hat das verändert.« Vor ein paar Jahren feierte ihr Sohn in Deutschland Silberhochzeit, da trafen sich alle, die Familienmitglieder aus Deutschland und aus Italien. Anna sagt: »Das war für mich in all den Jahren der schönste Tag.«

Michela Caramia

Ohne ihren Fächer geht Michela Caramia keinen Schritt vor die Tür. Michela Caramia, sechzig, wedelt sich durch die Stadt. Sie ist die Bilderbuchitalienerin des Südens: temperamentvoll, wirklich nicht groß und ein bisschen drall geworden, aber ihre schönen runden Schultern zeigt sie gerne, wenn sie im Trägerkleidchen loszieht. Sie fuhr schon 1962 nach Deutschland, zusammen mit ihrer Mutter ging sie in ein Kurheim in Bad Mergentheim, natürlich zum Arbeiten. Hatte sie es als unverheiratete junge Italienerin in Deutschland besser? Etwas leichter, amüsanter eben als hier, wo die Frauen noch in den sechziger Jahren keine Hosen trugen und Schwiegermütter tobten, wenn junge Frauen zu kurzärmelig gekleidet waren? Michela lacht. »Die Mamma war schlimmer als jeder Ehemann, ich durfte nur zum Einkaufen.« Das fand sie lustig genug, es gab keine Selbstbedienungsläden, im Geschäft musste sie auf alles zeigen, und beim Bezahlen reichte sie einen großen Schein und hoffte auf ehrliches Wechselgeld. Michela ist schlecht auf den Beinen, aber froh im Gemüt. Sie hat einen freundlichen Mann geheiratet, doch auch ihre Söhne sind fortgegangen, leben in Norditalien, sie sieht sie nicht oft. In ihrer Wohnung hängen überall Porträts der Familienmitglieder. Schlechte Fotos voll guter Erinnerungen, von Hochzeiten und Taufen, von Familienfesten eben.

Im Sommer kommen auch ihre Söhne nach Hause, denn nirgends sonst in Italien ist das Meer so klar wie im Süden. Michela und ihr Mann fahren fast jeden Tag auf ihr Stückchen Land am Ortsrand, größer als ein Garten, aber zu klein für ein Feld. Fünfzig Liter Wein jedes Jahr, schwärmt Michela und zeigt auf ihre Weinstöcke. Und die Feigen! Wunderbar, so etwas gibt es nirgends zu kaufen. Michela wuselt durch die Gemüsefelder wie ein junges Mädchen, ihrer schweren Beine nicht achtend. – »Tomaten, hier sind Bohnen, da drüben, der große Busch, das sind alles Kapern und hier auf der Seite, im Schatten, das Basilikum.« Manchmal übernachten sie sogar in dem kleinen Häuschen, weil übers Feld und durch die Ritzen der Rollläden manchmal eine frischere Brise weht als in den Gassen des Ortes.

»Es gab keine Arbeit, es gibt keine Arbeit, und wenn es an Arbeit fehlt, fehlt es an allem«, fasst Michela resigniert zusammen. Zwar sind die Häuser nun zweistöckig geworden im Ort, und junge Mädchen spazieren nabelfrei über die *piazza*, aber noch immer verbrennt die gnadenlose Sonne die Luft. Auch ihre Nichte hat in diesem Sommer keine andere Arbeit gefunden als einen Saisonjob in einem Weinfeld, über hundert Kilometer entfernt. Wegen der Hitze beginnt das Ausschneiden der Reben in der Früh. Die junge Frau steht nachts um halb drei auf, fährt mit Freundinnen im Auto in den dämmernden Morgen, jeden Tag. Für Michela muss das ein gespenstisches Déjà-vu sein, genau aus diesem Kreislauf hatten sie alle ausbrechen wollen. In Deutschland hatte man zwei freie Tage, schwärmt sie. Daran war und ist hier nicht zu denken, bei der Fronarbeit auf den Feldern.

Fast alle kehrten zurück, in die Häuser, die sie sich in Jahrzehnten an Fließbändern und auf Baugerüsten, an Pizzaöfen und in Putzkolonnen zusammengespart hatten. Michela redet gerne über ihre kurze Zeit in Deutschland, aber wenn sie sich mit den Nachbarinnen trifft, die immer wieder hinfahren, ihre Kinder besuchen, schimpfen die los. Jetzt gefalle es ihnen in Deutschland »überhaupt nicht mehr«, verkünden sie unisono. Es sei nichts mehr wie früher, entzürnt sich eine, schmutzig sei es geworden. »Wir haben uns nie getraut, etwas auf die Straße zu werfen, jetzt liegt alles voll, die Chinesen und die Türken haben die Städte kaputtgemacht, diese ganzen Ausländer.« Eine andere Nachbarin schimpft, in Stuttgart traue sie sich kaum noch auf die Straße, »ich habe Angst vor den Türken«. Fremdenfeindlichkeit ist in Italien kein Fremdwort. Mitleid für die Hungerleider, die heute in Booten an der langen Küste heimlich landen, Arbeit suchen und ein besseres Morgen, dieses Mitleid konnten die eigenen leidvollen Erfahrungen nicht hervorbringen.

Salvatora und Salvatore Albanese

Das Leben auch in schweren Zeiten so leicht nehmen zu können wie Michela, ist eine Gottesgabe oder ein genetischer Glücksgriff, je nach Anschauung. Salvatora hat diese Gabe nicht. Niemals könnte man sie überreden, zu einem nachbarlichen Tratsch zu kommen. Salvatora ist fünfundsiebzig Jahre alt, aber ihr Alter ist nicht der Grund, sie wäre auch vor fünfzig Jahren nicht spazieren gegangen. Salvatora hat sich in ihrem Leben nichts gegönnt.

Ihr Ehemann Salvatore Albanese fuhr 1962 nach Wolfsburg, und das bedeutete: zu Volkswagen. Ein Nachbar hatte ihm die Stelle vermittelt, er wohnte in der Siedlung »Berliner Brücke«, eines der Barackenlager, wie sie in vielen Orten für die Gastarbeiter gebaut wurden, mit Mehrbettzimmern und Gemeinschaftsküche. Umgangssprachlich hieß die Berliner Brücke »das Lager«.

Die Enge und die Ferne zur Heimat mögen bedrückend gewesen sein, aber lustig ist es auch zugegangen. Auf Fotos aus dieser Zeit laufen junge Männer mit Shorts und in Sandalen durch den ersten Schnee ihres Lebens, grinsend wie der Weihnachtsmann, oder stehen im Feinripp um den Herd, auf dem sich die Tomatendosen stapeln. Ans Kochen erinnert sich Salvatore genau. Einmal war da einer aus Brindisi, »der tat kaltes Wasser in einen Topf, brach die *spaghetti* rein – und die Tomaten gleich dazu, und das stellte er auf den Herd.« Salvatore schüttelt sich.

Niemand dachte, es sollte für lange sein, geschweige denn für immer. Also holten die Verheirateten ihre Frauen nach, um gemeinsam zu schuften. Sie sparten wie die deutschen Wüstenrotfüchse, kauften zu Hause Boden, begannen mit dem Bauen. Doch nun brauchten sie das Geld noch dringender und konnten nicht nach Hause, denn dort gab es noch immer keine Arbeit.

Salvatore wohnte nur ein Jahr in den Baracken; als Salvatora nach Wolfsburg kam, zogen sie in ein altes, vom Krieg beschädigtes Haus. Ihre Kinder lebten zunächst in Italien, erst für die Schule haben sie sie nach Deutschland geholt. Für die Kinder sei es am Anfang schlimm gewesen, sie fremdelten, verstanden ja die Sprache auf der Straße nicht, und nachts fiel in dem alten Haus der Verputz von der Decke in die Betten. Der kleine Sohn sagte: »Mamma, hat Papa uns hergebracht zum Sterben?« Diesen Satz, sagt Salvatora, vergesse sie ihr ganzes Leben nicht. Salvatore arbeitete zweiundvierzig Jahre bei Volkswagen, Salvatora fünfundreißig Jahre lang in einer anderen Fabrik. Nach Italien fuhren sie nur zum Hausbau.

Drei Häuser haben sie gebaut, für sich und für die Söhne. Drei Häuser?

Ja, poltert Salvatora, sie sollten es einmal besser haben. Stolz öffnet sie das Nachbarreihenhaus in San Vito. Polstergarnituren und Fernseher, Stereoanlagen und Matratzen sind in der Mitte der Räume zusammengeschoben und mit Planen überdeckt, warten auf Besuch. Denn ihre Kinder sind in Deutschland geblieben, und mit ihnen Salvatora und Salvatore. Nur im Sommer kommen alle zusammen ein paar Wochen hierher, auf Urlaub in den Häusern.

»Mein ganzes Leben hat nur aus Opfern bestanden.« Der Satz geht Salvatora leicht von den Lippen. Die der Familie ihr Leben als Opfer Darbringende, das entspricht ihrer stolzen Idee vom Mutterdasein. Gab es etwas, was sie immer als erstes gemacht hat, wenn sie zurückkam nach Italien? Ins Dorf gehen, in die Kirche, ans nahe Meer? Salvatora entrüstet sich. Pah, das Meer, was hätte sie am Meer verloren gehabt? Mal sind sie fünf Jahre nicht nach Italien gefahren, weil sie Geld sparen wollten.

Gab es etwas, was ihnen fehlte in Deutschland? Wann packte sie das Heimweh? Beim Kochen vielleicht? Salvatore bekommt glänzende Augen, Olivenöl, italienischer Wein, das war Heimat, sagt er. Salvatora murrt, es sei schwierig gewesen, die Zutaten zu bekommen. *Spaghetti* gab es schon bald, aber die Tomaten waren nie gut, »und Basilikum und Zucchini, das haben erst wir den Deutschen gebracht«. In Salvatoras Innenhof wächst nun wieder Basilikum, angepflanzt für die wenigen Wochen im Jahr, die sie hier mit ihrer Familie verbringen wird, mit den Söhnen und Enkeln, in ihren drei Häusern.

War das Leben schwierig in Wolfsburg, ohne *piazza*, auf der man sich treffen konnte? »Ich habe keine piazza gebraucht«, sagt Salvatora, »nicht hier und nicht in Deutschland. Wir waren eine sechsköpfige Familie, ich habe gekocht, geputzt, das war mein Leben.« Salvatora hegt ihren stolzen Unmut, und Salvatore seinen Ingrimm. Er explodiert im Gespräch, schimpft auf knorrigem Deutsch über Bürokratie, herrscht seine Frau an bei jedem Satz. Ein schweres Leben haben sich die beiden als Bürde aufgeladen und lassen nicht zu, dass ihnen jemand diese Last nimmt. Es ist ihr Leben. Der Erfolg der Kinder in Deutschland ist ihr Glück, ein Sohn arbeitet als Meister im Werk, die Tochter auf der Bank. »Hier gibt es doch nur Arbeit auf dem Feld«, sagt Salvatora abschätzig, um zu verstehen zu geben, dass es richtig ist, dass die Kinder nicht zurückkamen, nicht in die drei Häuser in San Vito eingezogen sind.

Wo die rote Sonne wirklich im Meer versinkt

Inselsicht und blaue Grotten – wer will da noch nach Capri?

»Wenn bei Capri die rote Sonne im Meer versinkt«, dieses Lied sollte uns den ganzen Abend verfolgen, obwohl wir andere Lieder sangen. Doch wer bei dem alten Heuler an Urlaub auf Capri denkt, begeht einen Denkfehler. Denn gerade dort, auf der Insel, versinkt die Sonne ja woanders (bei Ischia, um genau zu sein). Vom Monte Gelbison jedoch lässt sich perfekt beobachten, wie der Sonnenball neben der markanten Silhouette der Insel ins Meer gleitet. Der 1707 Meter hohe Berg liegt im Nationalpark des Cilento und wird wegen seines Marienheiligtums auch Monte Sacro genannt.

Ein breiter, gepflasterter Pilgerpfad führt durch dichte Buchenwälder in gut zwei Stunden herauf, man kann aber auch, wir sind ja in Italien, fast bis ganz nach oben mit dem Auto fahren. Ein Viertelstündchen zu Fuß ist es dann noch, wir spazieren auf diesem Abschnitt, als eine Damenriege heruntergewalkt kommt. Die werden sicher nur bis zum Parkplatz gehen, in diesen Schühchen. Unserer zierlichen Freundin ruft ächzend eine zu: »Wenn Sie, junge, dünne Frau, es so schwer hätten wie ich, wüssten Sie, wie's mir geht.« Dem Orakelspruch schicken sie Derberes hinterher, bis unser Italiener nicht mehr an sich halten kann. »Meine Damen, nicht fluchen bitte!«, sagt Enrico. Schließlich sind wir auf einem Heiligen Berg.

Wir schnaufen weiter steil hinauf, ganz plötzlich öffnet sich der schattige Wald, und der große Kirchenkomplex auf dem Gipfel zeigt sich. Um ein im 10. Jahrhundert gebautes Sanktuarium mit der Schwarzen Madonna öffnet sich eine *piazza* mit Klosterbauten. Pfarrer Don Carmine steht an der Brüstung, im Gespräch mit einer der drei verbliebenen Nonnen, und schaut versonnen in die Landschaft, vielleicht sogar ein bisschen wehmütig. Er wurde wegbefördert, seine Taufen und Hochzeiten auf dem Monte Gelbison waren zu populär geworden. Jemandem in der Kirchenhierarchie über ihm gefiel das nicht, nun steht Don Carmine außer einer der meistbesuchten Wallfahrtskirchen Kampaniens auch noch der Katholischen Schule in Vallo della Lucania vor. Da bleibt kaum noch Zeit für Hochzeiten auf dem Berg, von dem aus die Sonne so schön im Meer versinkt.

Der Himmel tönt sich schon rosenfarben. Der Aussichtspunkt war heidnischer Kultplatz, bekam von woher auch immer seinen arabischen Namen »Ghelbison«. Im Westen reicht der Blick über die Ebene von Paestum zum Meer, über die Bucht von Salerno hinweg nach Neapel, der Vesuv steigt aus Dunst auf, und dahinter liegt schließlich die Insel: Capri. Im Norden aber wellen sich die grünen Berge des Cilento bis zum Horizont. Der Nationalpark ist der zweitgrößte in Italien, im zersiedelten Süditalien stellt er eine letzte Wildnis dar, eine atemberaubend unzugängliche Naturlandschaft, in der zu leben nicht einfach sein mag. Vor einigen Jahren stürzte ein Rettungshubschrauber auf seinem Flug zu so einem Dorf ab. Es dauerte eine ganze Woche, bis das Wrack in dem unwegsamen Gelände gefunden wurde. Der dichte Wald hatte gleich nach dem Absturz seine grünen Flügel wieder darüber gebreitet.

So viel Wald so weit im Süden, das erstaunt Besucher. Auf gleicher Höhe, aber auf der anderen Seite des Stiefels, in Apulien, verbrennt die Hitze das flache Land, einmal sahen wir dort einen Grasbrand am Straßenrand, den der heiße Wind in einen Olivenhain trieb. Doch im Cilento breitet sich üppiges Grün aus, gespeist von den Bächen der Berge. Eine dieser Quellen heißt Fiume Freddo, kalter Fluss, dort, gleich an der Straße zum Gipfel, hat Vittorio ein Lokal eröffnet. Er nannte es »Bazar«, zum einen, wie er aufgedreht erzählt, weil das hier früher ein Warentauschplatz gewesen sei, zum anderen als Reminiszenz an das Arabische. »Wir haben das im Blut«, meint er euphorisch und versucht, noch etwas wilder dreinzuschauen, zeigt vage aufs Meer hinaus und ruft: »Schließlich ist es nicht weit!« Tatsächlich liegt Tunis näher als der Brenner. Das bekamen die Vorfahren der Süditaliener zu spüren, in Sichtweite entlang der Küste reihen sich bis heute die so genannten Sarazenentürme aus dem Mittelalter auf, Verteidigungsanlagen gegen Überfälle muslimischer Eindringlinge.

Während der Kellner cilentanische Köstlichkeiten wie gedämpften Wildspargel und *coppa*, gepökeltes Schweinefilet, heranträgt an die Tische im Freien, beschienen vom Abendlicht, legt Vittorio eine CD auf. Das sind die Lieder, die wir den Abend singen werden: »Le città di mare« von Eugenio Bennato, ein neapoletanischer *cantautore*. Der im Süden populäre Liedermacher singt von den Städten am Meer, in denen sich tausend Abenteuer treffen, in tausend Sprachen und mit dunklen Gesichtern. Städte, in denen der Abschied ein Spiel ist, das Morgen schon nicht mehr gilt.

So viel Pathos verlangt nach mehr; Vittorio holt seine Gitarre, sie ist fürchterlich verstimmt, das stört ihn nicht, er singt nun Lieder des Cilento, von einem Mädchen mit einem Mund so rot wie die Erdbeeren im Wald. Und so süß, fügt er an, wie der *fragolino*, sein selbst gemachter, dickflüssiger Walderdbeerenlikör, der aus der Flasche ins Glas schlüpft. Und so gleitet dieser Abend in eine süditalienische Nacht, mit Gesang und Rotwein, kein Klischee, sondern ein Fest, wie es sich jeden Abend ereignen kann.

Doch kaum jemand wird allein des wilden Hinterlandes wegen in den Cilento reisen, dazu ist die Küste viel zu schön. An einem wolkigen Tag wandern wir zur Punta Licosa, bleiben oft stehen, um die Augen weiden zu lassen am Horizont des Meeres. Die gezackte Küstenlinie verliert sich dunstfrei in der Ferne, bis zur Spitze der Halbinsel reicht der lichte Wald aus Aleppokiefern. Ins Meer hinausgerutscht ist das Inselchen Licosa mit einem

Leuchtturm darauf. An diesen Gestaden soll der griechische Sagenheld Odysseus den Sirenen begegnet sein, die mit ihrem Gesang Seeleute ins Unglück lockten. Welch Qualen muss Odysseus hier gelitten haben, festgebunden am Mast, um nicht den lockenden Tönen folgen zu können, stets den becircenden Gesang der Sirenen in den Ohren, und er durfte nicht zu ihnen, nicht landen an diesem herrlichen Ort. Aber auch Leucosia, die Sirene, litt: Aus Liebeskummer stürzte sie sich in den Tod, heute heißt das Inselchen nach ihr, Licosa.

Schön ist das. Aber noch schöner zeigt sich die Küste vom Meer aus. Wir lassen uns gern zu einer Tour auf dem Wasser überreden. Lustig springt das Boot nach Süden, an drei Sarazenentürmen vorbei. Im ersten Turm, in Casalvelino, wohnen wir, unter dem zweiten, in Ascea, haben wir eines Mittags in einem fast griechisch blau-weißen Fischlokal, auch das kaum mehr als eine Bretterbude, frische *calamari* gegessen, und unter dem dritten, am Capo Palinuro, tauchen wir hinein ins bodenlose Blau des Mittelmeers. Die Strände des Cilento gehören zu den zehn Küstenabschnitten Italiens, die von der EU im Mai 2005 für sauberes Wasser ausgezeichnet wurden, »fünf Segel« bekamen sie dafür. Was immer das heißen mag – in derart tiefblauem Wasser schwammen wir noch nie. Es ist kein karibisches Türkis, kein Seengrün, sondern von einem Dunkel-*Azzurro*, wie es nur der süditalienische Himmel verschenken kann. Es illuminiert auch hier eine Blaue Grotte, viel größer und viel weniger bekannt als die von der Insel. Wer will da noch nach Capri?

Limoncello passt nicht zu Kastanien

Die Küche in den Bergen des Hinterlandes

Aglianico heißt der Rotwein Irpinias, einer Bergregion mit kleinem Skigebiet im Hinterland von Neapel, der Wein ist granatfarben und schwer. Die *grappa aglianico* jedoch wird im Trentino hergestellt, aus dem süditalienischen Trester. Das ist kein Einzelfall; die Region tat sich oft schwer, ihre Produkte zu vermarkten. Das ändert sich mit dem wachsenden Selbstbewusstsein des Südens, und mit sich wandelnden Essgewohnheiten in ganz Italien. Früher habe es geheißen, Nudeln machen dick, amüsieren sich die Menschen hier. Erst seit sich auch ganz Norditalien von *pasta* ernährt, wird diese auch im Süden wieder geschätzt – hergestellt aber zum Großteil im Norden. Noch deutlicher ist diese Tendenz am Olivenöl festzumachen. Seit Ernährungswissenschaftler belegt haben, wie gesund die so genannte Mittelmeerdiät ist, greift auch der Norden seltener zu Butter und lieber zu Flaschen mit dem grünen Gold. Und im Süden, wie etwa in der Irpinia, besinnen sich kleine Lebensmittelproduzenten auf die Qualität ihrer Produkte.

Salvatore Lenzi

»Wir haben wundervolle Rohstoffe, Kastanien, Käse und Trüffel, aber weiterverarbeitet wurden sie immer außerhalb«, sagt Salvatore Lenzi. Der Vierunddreißigjährige gründete vor drei Jahren »Lenzi Tartufi«, führt über fünfzig Pilz- und Trüffelprodukte, wie *Pasta*-Saucen und eingelegte »Tuber mesentericum«, schwarze Trüffeln von Bagnoli.

Lenzi und seine rehäugige Frau sehen aus wie Städter, er trägt eine Designerbrille und ist elegant gekleidet, hat einen Uniabschluss als Kunsthistoriker, einen Master in Management, unterrichtete in Salerno an der Uni. Das Gehalt kam ihm ausgesprochen mickrig vor, er wollte sein Wissen anders einsetzen, wollte mit Trüffeln aus seiner Heimatstadt Bagnoli Geld verdienen. Er hatte eine gute Nase, auch wenn die zum Trüffelsuchen nicht taugt. »Ich habe keinen Hund, ich kenne mich nicht aus mit Pilzen und im Wald verlaufe ich mich«, sagt Lenzi. Nicht einmal in seiner Familie gab es Trüffelsucher, seine Geschäftsidee gründet auf Marktüberlegungen. »Unsere Trüffel war nur regional bekannt, dabei ist sie so gut wie die aus Alba«, sagt Lenzi. Er machte sie bekannter – und teurer.

Etwa hundertfünfzig Einheimische leben von der Trüffelsuche, sammeln etwa fünfzig Doppelzentner im Jahr, so Lenzi: »Die stehen um Mitternacht auf, gehen mit ihren Hunden in die Berge. Aber während der Trüffelsaison liegt Schnee, das ist gefährlich, und dafür sollen sie nur die paar Euro für die Trüffeln bekommen?« Denn in den Geschäften hier kostet eine walnussgroße Knolle nur etwa fünfzehn Euro, ein Bruchteil der Preise für Trüffeln aus Umbrien oder dem Piemont. Doch Trüffeln sind ein Wirtschaftsfaktor, zur Trüffelmesse Ende Oktober überfluten hunderttausend Besucher die Gassen Bagnolis, saugen den betörend-beißenden Geruch der schwarzen Knollen ein, der auch durch Lenzis Wohnhaus zieht. »Ehrlich?«, sagt er verwundert, »ich rieche Trüffeln nicht mehr, ich muss meine Nase schon in zehn Kilo stecken.«

Lenzi will die Gemeinde überreden, den Trüffelmarkt auf zwei Wochenenden auszudehnen, das bringe Geld und Werbung für die Region. Aber Unterstützung bekommt er nie. Die Generation der Söhne arbeite nichts, »die wollen nur ein dickes bayerisches Auto und eine Villa.« Lenzi zieht von Messe zu Messe, war auf der »Grünen Woche« in Berlin, auch in New York kennt man schon die Trüffeln aus Bagnoli. »Nur auf dem Markt von Alba lassen sie mich nicht rein«, sagt Lenzi.

Ezio Gambone

An der nahen Amalfiküste hat Ezio Gambone gefunden, was er brauchte: handgeflochtene kleine Körbe, in denen sein Käse gut zur Geltung kommt. »Ein einziger alter Mann in Bomerano macht diese Körbe noch«, sagt er. Vermutlich werde das Handwerk mit dem Alten sterben. Damit das mit seiner Käseherstellung nicht passiert, hat er sein Wissen an seine beiden Töchter und den Sohn weitergegeben, die sechste Generation in der Käserei »Gambone«. Ein gewisser Marsilio Gambone soll sogar schon im 16. Jahrhundert mit Käse zu tun gehabt haben. *Caciocavallo* und *mozzarella*, das sind die meistverkauften Sorten in seinem Laden, jedoch keine Büffel-*Mozzarella*, für die

Kampanien ansonsten berühmt ist. »Hier heroben gibt es keine Büffel, die weiden unten in der Ebene, wo es sumpfig ist und feucht«, sagt er mit gewissem Abscheu. Und fügt an: »Ich hasse Mozzarella, diese ganzen frischen Käse, das kann doch jeder.« Käse wie den *caciocavallo* reifen zu lassen, das sei die Kunst. In welcher Luft, mit welcher Feuchtigkeit, wie lange – da zeige sich Tradition, Handwerk und Können.

Mit »Pferdelastkäse« kann man den seltsamen Namen *caciocavallo* übersetzen: Eine honigmelonengroße Kugel mit einem Köpfchen, um den Hals einen Strick geschlungen, an diesen Stricken wurden die Käse befestigt auf dem Pferderücken, der allerdings meistens ein Eselsrücken war, und so von der Alp herab ins Tal gebracht. Wie stranguliert sehen die Käslein aus.

»Früher gab es keine anderen Sorten, aber heute verlangen die Leute nach Abwechslung«, so gibt es »betrunkenen Caciocavallo«, in Most und Wein getaucht, gefüllte *Mozzarella*-Rollen und ähnliches mehr. Nur Ziegenkäse macht Gambone kaum noch. »Die Ziege ist ein aussterbendes Tier«, sagt er; früher hatte jeder Hof Ziegen, heute hält kaum noch jemand welche. Die Kühe stehen im Sommer auf den Weiden zu Füßen des Skigebiets, im Winter grasen sie in Apulien. »Da fällt nie Schnee, da können sie die ganzen Monate im Freien sein«. Seit Gambones Großvater von der Alm heruntergezogen ist, haben sie keine eigenen Kühe mehr. Die Käserei »Gambone« verwertet sechstausend Liter Milch am Tag, der *caciocavallo* ist ein DOP-Produkt, hierfür darf nur Milch der

Region verwendet werden. Da fällt Gambone doch noch ein traditionelles Produkt ein: *burro in corteccia*. Dafür wird Butter mit einer *Mozzarella*-Schicht umhüllt, zur Aufbewahrung und um sie länger haltbar zu machen, »das war ein wertvolles Geschenk«. Auch das packt er in die kleinen Körbe von der Amalfiküste.

Alba Meloro

»Mein Mann Aniello kauft Wein ein und Käse, alles andere mach ich selber. Ich kann dafür niemanden schicken, das muss ich selber aussuchen, riechen, da lass ich keinen ran.« Alba Meloro führt eine kleine Pension im Skigebiet Lago Laceno, auf den Tisch kommen bei ihr nur lokale Produkte. Weil es besser schmecke und zur Landschaft passe, sagt Alba, aber es steckt noch mehr dahinter. Alba Meloro fühlt sich als Bindeglied zwischen der Vergangenheit und der Gegenwart, ihre Begeisterung für die Geschichte ihrer Heimat ist kaum zu zügeln.

»Langobarden!«, ruft Alba aus, es sei doch faszinierend, wie viel aus den alten Zeiten noch übrig sei. Man soll nur mal nach Rocca San Felice gehen, in diesem Dorf hätten alle Leute blaue Augen und seien blond. Und blitzt dabei selber mit ihren blauen Augen, dass es nur so leuchtet.

Auch in den Bräuchen sei davon noch etwas geblieben, etwas Heidnisches. So war sie einmal an einem 19. März, zum Winteraustreiben, auf einem Fest auf einem Hügel. »Wir haben ein Feuer gemacht, alle tanzten Tarantella, Wolken schoben sich vor den Vollmond, von Hexen haben da die

Leute gesprochen, den ›Streghe‹, die es vor wenigen Jahren hier noch gab.« Frauen eben, »die mehr wissen als andere«, sagt sie und funkelt mit ihren blauen Perlen.

Ihre Mitarbeiterin Grazia ist dreißig Jahre alt, ägyptisch geschminkt, ein Wirbelwind, der auch mal ein paar Äste mit sich bringt, rau, aber herb, könnte man über sie sagen. Sie trägt ein Tattoo auf der Hand, was in so einer ländlichen Gegend auffällt. Sie ist die Seele des Gastraums, bringt Kindern warme Milch und den Eltern neuen Rotwein, weist den Gast zurecht, der ihrer Ansicht nach zu wenig gegessen hat. Sie sagt: »Ohne Nachspeise steht ihr hier nicht vom Tisch auf.« Und bringt einen Teller mit eingelegten Maronen.

Ihr Bruder hat sechs Hunde, ein Trüffelsucher, natürlich verwenden sie hier in der Küche nur die von ihm. Ihre Mutter führt einen Blumenladen in Bagnoli, den wird der Bruder mal übernehmen. »Ich? Blumen?!«, Grazia schüttelt sich. Mechanikerin habe sie gelernt, aber in der Fabrik sei es ihr zu langweilig gewesen. Sie ging in die Gastronomie, sechs Jahre kellnerte sie im »Rifugio Amatucci« im Skigebiet, dann habe es ihr gereicht, jeden Tag mit der Seilbahn hinauf, hier fühle sie sich viel wohler. Sagt's und pfeift ein Lied von Adriano Celentano.

Gigliola Perrotta

»Kastanie von Montella« sei zwar ein geschützter Name, »doch sie wurde hier nur getrocknet oder als geräucherte Castagno del Prete verkauft«, sagt Gigliola Perrotta. Schade habe sie es gefunden, dass die Weiterverarbeitung außerhalb der Region stattfand, und so gründete sie mit ihrem Mann eine Firma zur Veredelung von Maronen. Kastanienarbeit war immer schon Frauenarbeit, wie historische Fotos im Eingang der Fabrik zeigen: das Sammeln, das Schälen aus den stachligen Hüllen, das Häuten. Elf Frauen beschäftigen sie im Herbst, zur Erntezeit. Die Kastanien werden täglich gesammelt, damit sie nicht auf dem Boden liegen und verderben können. Ein Baum gibt dreißig Kilo ab. Das Sammeln beginnt Anfang Oktober, am Totensonntag werden die Bäume freigegeben. Ein Brauch, der bis heute gepflegt wird: Er sollte armen Leuten zusätzliche Nahrung für den Winter ermöglichen, denn auch Mehl kann man aus Kastanien machen.

Aus sechzigtausend Doppelzentnern Esskastanien macht Perrotta Marmelade, Kuchenfüllungen und Pasten. Oder sie legt sie ein, etwa in Rum, eine fantastische Kombination. Am besten verkauft sich alles ab Maria Empfängnis, dem 8. Dezember, der Beginn der Weihnachtszeit. »Dann stehen in jedem Haushalt in Neapel Kastanien auf dem Tisch«, freut sich Perrotta.

Sie versuche immer wieder, die Kastanie in neuen Kombinationen zu verbinden. Sie selbst mag am liebsten die in *grappa aglianico* eingelegten, ein Holzweg sei dagegen der Versuch gewesen, Kastanien mit einem anderen regionalen Produkt zu kombinieren: mit *Limoncello* aus dem Cilento, dem Likör des Südens schlechthin. Das habe nicht geschmeckt, es habe wohl nicht zusammengepasst, diese Verbindung von Meer und Bergen.

Boxer, Philosoph und Kämpfer

Mit dem Onorevole durch Geschichte und Gassen Salernos

Tommaso Biamante kann das Kämpfen nicht lassen, weder im übertragenen noch im wörtlichen Sinn. Eines Sommers, während des Wahlkampfs in Salerno, streifte er nachts durch die Straßen seiner Stadt und fand illegal geklebte Plakate, nicht von seiner eigenen Partei, das hätte ihn vielleicht nicht so aufgeregt. Er traf den jungen Mann, der die Plakate klebte, und fing Streit mit ihm an, es endete in einer Prügelei. *Onorevole* Biamante, dreiundachtzig Jahre alt, überzeugter Kommunist und ehemaliger Berufsboxer – ein Kämpfer wie eh.

Onorevole Biamante – der wohltönende Titel zeichnet ihn als ehemaliges Parlamentsmitglied aus – verlässt am späten Nachmittag sein Haus, es ist die Zeit, in der er nach der Mittagshitze durch die Gassen flaniert, so lebe er seine Beziehung zu der geliebten Stadt, bekennt er, und fühle sich so aufgehoben in ihr. Er schlendert den Corso Vittorio Emanuele auf und ab, um schließlich in die eine Bar einzukehren, in die er jeden Nachmittag einkehrt. Er scherzt mit den jungen Kellnerinnen, der alte Charmeur, setzt sich an den Ecktisch im Freien, an dem schon ein weiterer älterer Herr sitzt, drei weitere kommen hinzu, wie jeden Nachmittag. Ein junger Freund möchte ein Glas Wasser bestellen, es ist ja immer noch sehr heiß. »Nichts da!«, kommandiert der *Onorevole*. »Hier wird Eis gegessen. Es ist das beste Eis der Stadt.« Worauf sich ein Disput entspinnt zwischen den Herren. Das Limoneneis, befindet der dicke Schwarzgekleidete, sei drei Häuser weiter doch viel zitroniger. Doch die Schokolade, wirft ein dürrer Eiferer ein, sei unübertrefflich unten an der Promenade. Der *Onorevole* knurrt und hebt seinen markanten Picasso-Schädel. »Das Eis hier ist doch nicht zu überbieten«, er bestellt demonstrativ drei Kugeln für sich, und für den jungen Mann ebenfalls. *Basta*.

Eine gewisse Vehemenz ist dem Herrn eigen, ohne Zweifel. Ohne die hätte er auch nicht seine erstaunliche Biografie hingelegt. Der Kommunist, »Leninist!«, verbessert er, war Bürgermeister von Amalfi, dort empfing er mal die Königin von England und schwamm mit Jackie Kennedy im Meer, geht die Legende. Die sei ihm über die Maßen zugetan gewesen, flüstert man. Als junger Mann hatte er Philosophie studiert, dann aber schickte ihn seine Partei zum Studium nach Moskau. Er machte ein Diplom in Wirtschaft, einen absurderen Werdegang kann man gar nicht ersinnen. Nirgends sonst dürfte ein sowjetisches Wirtschaftsdiplom so wenig gegolten haben wie im Süden Italiens. Die Vorstellung, hier Fünf-Jahres-Pläne umsetzen zu können, wirkt wie Hohn.

Süditaliener sind die Meister des Ad-Hoc-Funktionierens. Wenn es eilt, klappt fast alles, *l'arrangiarsi*, das Sich-Arrangieren wird zur Lebenskunst. Muss es auch, weil die meiste Zeit der *menefreghismo* regiert, die »Mir-Egaligkeit«. Ein Beispiel: Die Metro del Mare ist ein viel gepriesenes, geliebtes Kind der Verwaltung und der Tourismusämter. Es klingt doch zu verlockend: Anstelle des anstrengenden Straßenverkehrs kann man mit Schiffen als Wasserbahn an der Küste entlangfahren, für einen Tagesausflug vom Cilento nach Salerno zum Beispiel. Dafür wurden vielfarbige Broschüren gedruckt, für jede der Linien. Aber ach: nach Salerno geht das Schiff sowieso nur am Wochenende und nur abends, und nachts fährt nichts zurück. Der Ausflug nach Capri: gestrichen. Der Halt in Positano: *sospeso*, in Schwebe, derzeit nicht möglich. Und so hängt alles irgendwie und irgendwo, in der Luft und am seidenen Faden. Hier in Fünf-Jahres-Rhythmen zu denken, welch Unterfangen! Das Wirtschaftsdiplom jedenfalls konnte den jungen Biamonte nicht ernähren, er blieb Philosoph und wurde Boxer.

Salerno liegt am Meer, zur Rechten beginnt die Amalfiküste, zur Linken zieht sich die Bucht hin bis zu den Tempeln von Paestum. Wilhelm Müller, der Winterreise-Müller, widmete der Stadt einen Gedichtzyklus, besang 1830 in »Lieder aus dem Meerbusen von Salerno« die Ruhe, »Alles, alles stille/ Auf dem weiten Meer!/ Nur mein Herz will nimmer/ Mit zur Ruhe gehen.«

Salernos Altstadt wandert einen Hügel hinauf, die verwinkelten Gassen streben dem Dom zu, am Meer macht sich eine palmenbestandene Uferstraße Platz, kurz: Salerno hat nun wirklich alles, was eine touristisch attraktive Stadt brauchen würde – und ist doch nahezu unentdeckt vom Tourismus geblieben.

Man könne wirklich heulen, sagt der *Onorevole,* »dass der Süden nicht in der Lage ist, etwas aus seinem Reichtum zu machen.« Salernos goldene Zeit war das Mittelalter. Es gab eine hochgerühmte Medizinschule, an der sogar Frauen studierten.

Doch in jüngerer Zeit trafen Salerno mehrere Schläge: Vor der Landung der Alliierten 1943 wurde die Stadt bombardiert, zehn Jahre später verheerte eine Überschwemmung die Straßen. Im Kreuzgang des Klosters mit den achtundzwanzig antiken Säulen aus Paestum wurden damals die Särge aufgereiht.

Zwischen 1951 und 1981 verdoppelte sich die Bevölkerung, wer besser verdiente, zog raus aus der Altstadt, herein kamen Zuzügler vom Land. Schließlich brach die Cholera aus. Biamonte erinnert sich: »Man sollte keinen Fisch essen, gefährlich sei das, hieß es.« Er aber sei runtergegangen ans Meer und habe Muscheln gegessen, »als Demonstration, damit die Fischer nicht bankrott gehen«. Früher habe in der Altstadt das Elend gewohnt. Fischer, Prostituierte, Arbeitslose. »Als einmal, noch vor dem Krieg, der König zu Besuch kam, haben die Leute von den Balkonen auf ihn runtergepisst. Es war eine verschworene Gemeinschaft, mit eigenen Regeln.«

Und als sei es noch nicht genug, erschütterte im Herbst 1980 ein schweres Erdbeben Kampanien. »Nach dem Krieg war die halbe Stadt zerstört, das Erdbeben von 1980 hat ihr den Rest gegeben«, sagt Biamonte. Um gleich anzufügen: »Salerno! Ich liebe diese Stadt. Sie hat den höchsten Wohnwert Italiens.« Und tatsächlich erfährt die süditalienische Stadt einen Aufschwung, die Altstadt wurde aufgemöbelt, es beginnt die Gentrification. Erst kamen Künstler, dann teure Geschäfte. Doch Biamonte ist stolz, dass die Altstadt immer noch eine Bastion der Linken sei, »unser stärkster Wahlbezirk«. Sie hätten es geschafft, dass nicht nur Reiche eingezogen sind, sondern viele der Familien von früher wohnen bleiben konnten.

Salernos Einwohner sind offensichtlich so wohlhabend, dass sie einige Punks und Penner durchfüttern können. Die hängen mit ihren Hunden unter den Palmen am Lungomare herum, erbetteln sich »nen Euro«, und das deutlich hörbar auch auf Berlinerisch.

In den siebziger Jahren war Biamonte vier Jahre Bürgermeister von Amalfi. Wie kam denn das? Der *Onorevole* grinst sein schelmisches Grinsen. Baden sei er gewesen, in Amalfi, »mit einem schönen Mädchen«. Zwei Arbeiter seien dazugekommen und hätten ihn bestürmt, er müsse sich aufstellen lassen, als Bürgermeister kandidieren. »Die gingen mir ganz schön auf die Nerven, ich habe gesagt: Ja, mache ich – um sie loszuwerden.« Der Umgang mit den Reichen, den Kapitalisten, wie war das für ihn? Sie hätten ihn mit Respekt behandelt, wie er sie. Nach prominenten Gästen befragt, wird er nun seltsam schweigsam, mag keine Namen nennen, um gleich wieder loszupoltern: Ganz anders sei es geworden, als er dann

Abgeordneter in Rom wurde. »Ich bin den Leuten ganz schön auf den Sack gegangen«.

Ein Rabauke ist der *Onorevole* geblieben, aber ein Philosoph auch. Er lebt in einer Wohnung an der viel befahrenen Uferpromenade, die fast nur mit Bücherregalen möbliert ist. An der Wand hängen Parteiabzeichen, kommunistische Plakate, ein Foto von ihm als Boxer und einige Zeichnungen, die ihm viel bedeuten. Carlo Levi hat diese angefertigt, der Autor von »Christus kam nur bis Eboli«. Einer, den die Faschisten in die Verbannung geschickt hatten, nicht weit von hier, in die Berge der Basilikata. Wenige Wochen vor seinem Tod habe er sie ihm geschenkt, sagt Biamonte.

Er mag immer ein Charmeur gewesen sein, man merkt es ja bis heute, und ein Mensch mit freien Umgangsformen dazu. Aber er war auch stets ein Kämpfer. In einem Interview wurde er nach seinem erschütterndsten Jugenderlebnis gefragt. *Onorevole* Biamonte erzählt noch einmal die entsetzliche Geschichte aus seiner Partisanenzeit. In einer Kampfhandlung sprang eine junge Frau für ihn ein. »Sie starb, durchlöchert von deutschen Kugeln, sie rettete mir das Leben. Das bewegt mich noch immer und zerreißt mir das Herz.«

So schmeckt der Sommer

Ein Kochkurs im Cilento

Luisa stellt zum Abschluss des Essens eine Flasche milchig-sonnengelben Likörs auf den Tisch und schenkt uns ein, der Sommer gluckert ins Glas. Wir sitzen auf der Terrasse ihres Landgasthofes »Il Mulino«, rundum flirren an den sanften Hängen Olivenbäume im Licht, am Talende breitet sich der blaumetallische Spiegel des Meeres aus. »Für diesen Mandarinenlikör nehme ich nur Früchte aus meinem Garten«, sagt Luisa, fährt sich durch ihre schwarzen Locken und grinst erwartungsvoll. Sie weiß, dass diese alkoholische Fruchtexplosion am Gaumen ihre Gäste noch einmal betören wird, so wie das schon mit jedem Gang geschah.

»Il Cilento apre le sue Cucine« – der Cilento öffnet seine Küchen – steht auf Luisas Schürze, das klingt weniger nach Kochkurs, eher nach einer herzlichen Einladung unter Freunden. Wir werden Köchen über die Schulter und in die Töpfe schauen, uns erklären lassen, wie zubereitet wird, was man hier so genießt. Luisa hat nie eine Kochschule besucht. Wozu auch. So wie sich die Männer hier von den Alten alles beibringen lassen, über Fische, Oliven und Wein, entdecken die Frauen alte Kochrezepte und so fügt sich alles fein zusammen für Urlauber, denen die Toskana zu aufgeräumt, Rimini zu voll und alles nördlich von Rom sowieso nicht italienisch genug ist.

Luisa kocht leidenschaftlich gerne – was aber macht Luisa nicht mit Leidenschaft? »Ohne geht es nicht«, sagt die Vierzigjährige, eine Süditalienerin wie aus dem Bilderbuch, klein und kräftig, quirlig und doch mit einer Ruhe, wie sie bodenständige, in ihrer Tradition verwurzelte Menschen ausstrahlen. Luisas Kochkünste verführen zur Völlerei. Meeresgetier tischt Luisa häufig auf, ihr Mann Giuseppe und sein Bruder sind Fischer. Und so nimmt sie nun in ihrer blitzenden Aluküche zierliche Zahnbrassen aus, um sie *all'acqua pazza* zuzubereiten, im verrückten Wasser, in einem Sud aus Tomaten, Olivenöl und Petersilie. Erklärt nebenbei, wo diese Fische gefangen werden, mit welchen Netzen und zu welcher Saison.

Luisa hat das kräftige Weißbrot im Steinofen gebacken, das Gemüse gezogen, geerntet und eingelegt, das Öl kommt von den zweitausendzweihundert Olivenbäumen hinter dem Haus, der Wein von den tausendzweihundert Rebstöcken, sie halten Kühe, Schweine, Hühner und Ziegen, und zum Nachtisch reicht sie eine cilentanische Spezialität: weiße Feigen. Mal frisch vom Baum, mal getrocknet und gefüllt mit einer Mandel, einem Spritzer Zitrone und einem Hauch Fenchel, umgeben vom Lorbeeraroma eines Blattes. Ihr Mandarinen-Likör hat viel Arbeit als Digestif.

Üppige Gemüsevorspeisen und Fisch oder Fleisch machen noch keinen italienischen Abend, zunächst geht es um den *primo piatto*, die Nudel. Mit mehlbestäubter Schürze steht der Kochkurs im Restaurant von Carmine Monzo, er betreibt zusammen mit seinem Schwager ebenfalls einen *agriturismo*. *Fusilli* heißt die klassische *pasta* der Region, spiralig gedreht Nudeln. Jeder bekommt ein Metallstäbchen, ähnlich einer Stricknadel, aber kantig, um das herum werden Teigfitzelchen gewickelt. Im optimalen Fall. Bei Neulingen aber geht das *Fusilli*-Rollen getreu nach Murphys Gesetz: Mal haftet der Teig nicht am Stäbchen, mal geht er nicht mehr davon ab.

Zum Gemüse-Kochtag haben die Brüder Stefano und Angelo einen großen Tisch auf die Terrasse ihres *agriturismo* gestellt, auf ihm türmt sich die gartenbunte Ernte. Stefano ruft aus: »Wir könnten Auberginen dazunehmen!« Angelo holt welche, aus dem Garten hinterm Haus. Unglaublich, was hier alles an Gemüse zubereitet wird. In Minze marinierte Zucchinischeiben, gefüllte Auberginenschnitze, Bohnen in der Pfanne mit Tomaten geschmort, Paprikagemüse süß-sauer, mit Ricotta gefüllter Salatkopf, und dazu wilder Spargel und Gewürzsträußchen. Eine dieser kleinen Tomaten, vom Tisch stibitzt, schmeckt so außerordentlich süß, rund und voll, was soll man nur in Zukunft zu Hause noch essen?

Mit am Küchentisch steht Anna Palma, die zweiundachtzigjährige *nonna*. Sie kommentiert wohlwollend, was ihre Enkel brutzeln: »Ja, das haben wir immer schon so gemacht, das haben die von mir gelernt.« Assuntina, ihre Tochter, hat nicht viel Zeit zum Plaudern, denn hinter dem dekorativen Tisch, auf dem alle Zutaten adrett aufgebaut sind, das grüne Olivenöl in einer Glaskaraffe leuchtet, das Gemüse gewaschen und geputzt in hübschen Hügeln sortiert daliegt, hinter diesem Arrangement an der frischen Luft kann man einen Blick in die Küche werfen: Dort werkelt Assuntina mit drei Mitarbeiterinnen; was Stefano vorne für die Gäste vorkocht, wird hinten in großen Mengen zubereitet.

Stefano beendet seine Vorführung, alle setzen sich an den langen gedeckten Tisch. Ein lauer Sommerabend liegt über den Hügeln des Cilento, Grillen zirpen in der Pergola. Weinkaraffen werden herumgereicht, aus der Küche bringen ameisenfleißige Köchinnen eine Gemüsevariation nach der anderen, so schmeckt der Sommer.

»Ciao Fabio!«, ruft die Tischgesellschaft ganz gewandt, als ein weiterer Gast hinzutritt. Die zwei Worte Italienisch perlen von den Lippen, so leicht wie der Rotwein in die Kehlen fließt. Fabio Calisti kommt gerne in den Agriturismo »Zio Cristoforo«, denn Fabio liebt dessen *ravioli*. Da in den Landgütern Essen nur auf Vorbestellung serviert wird, rief er einmal an und orderte ein *Ravioli*-Essen für sich und zwei Freunde. Er kam allein, und freute sich diebisch über die Dreifachportion *ravioli* mit Ricottafüllung.

Fabio kocht selbst ausschließlich Fisch und Meeresgetier. Ihn Koch zu nennen wäre eine Untertreibung. Gegen ein Essen bei ihm wirkt Erlebnisgastronomie wie ein britischer Bridgeabend. In der Küche, und dann noch vor Zuschauern, da dreht der rundliche, quirlige Kerl auf. Hier bringt ein Fischer eine Styroporkiste mit Oktopoden, die langen Fangarme hängen unten heraus, dort am

Spülbecken putzt eine der Köchinnen einen Tintenfisch. Gerade als sie erklärt, dabei müsse man vorsichtig sein, spritzt die Tinte in dickem Strahl über ihre Schürze. »Mamma mia«, jammert sie, »schon wieder. Ich hasse Tintenfische!« In einer riesigen Pfanne brutzelt Olivenöl, was sonst, tausendfünfhundert Liter jährlich verbraucht er. Fabio packt eine Languste mit einem halben Meter Spannweite – Barthaar bis Barthaar – und drückt sie in die Pfanne. Uuhh, einige wenden sich ab, ein martialisches Bild. »War schon tot«, beteuert Fabio. »Gestern ist eine fast herausgesprungen«, erzählt eine Köchin.

Die Languste in der Pfanne kennen wir schon, wir haben sie noch lebend gesehen. Am frühen Morgen hatte uns der junge Fischer Marco mit aufs Meer hinausgenommen. Zwei Kilometer lang sind seine Netze, die er am Abend zuvor ausgelegt hatte. Anfang und Ende schwimmen an der Oberfläche, der Rest sackt auf den Meeresboden ab. Marco holt fette Beute ins Boot, allein vier Langusten; das ist bereits ein Tagesverdienst. Marco beliefert einige Fischrestaurants im Cilento, diejenigen, die ihren Gästen lieber den teureren, aber frischen Fisch aus dem Meer vor der Haustür anbieten als tiefgekühlten Fang unbekannter Herkunft. Rotbrassen und Zahnbrassen sind die häufigsten Fische, aber manchmal verfängt sich auch ein Schwertfisch im Netz.

Langusten verstecken sich manchmal geradezu. »Das ist das Leben des Fischers«, so Marco in einer philosophischen Anwandlung, »man weiß nie, wann die Tiere herauskommen«. Oft hängt neben der Languste eine große Seezunge im Netz, an die sich das Schalentier angepirscht hatte. Leer gefischt sei das Mittelmeer nicht, ist Marco überzeugt. Allerdings sei es schwer geworden, einen großen Fang zu holen. Er könne nicht einfach irgendwo seine Netze auswerfen. »Du musst das Meer kennen, musst wissen, wo Langusten sich verstecken, wo Fischschwärme ziehen.« Muskelkraft allein reicht nicht. »Hier musst du mit dem Kopf fischen«, sagt Marco.

Wir erkennen: Was die Männer und Frauen im Cilento von ihren Vorfahren gelernt haben, kann sich bis heute sehen lassen. Und schmecken. Auf den Tellern kreuzen sich die Schätze des Meeres und der Berge, und der Himmel schüttet endlose Tage lang sein verschwenderisches Blau über der Meeresewigkeit aus. Wir genießen das Glück, ein paar Tage in diese Üppigkeit des Südens einzutauchen – und unsere selbst gedrehten *fusilli*.

Man riecht das Salz auf Ihrer Haut

Baden auf Capri, drinnen und draußen

Das Schiff heißt »Isola di Capri«. Es gleitet in die Marina Grande, mit großartiger Geste lässt der Matrose den Anker ins Wasser rasseln. »Kann man schon baden?«, frage ich ihn. Mit glutvollem Augenaufschlag mustert er mich und sagt: »Das, mein Fräulein, hat nichts zu tun mit der Temperatur des Meeres, sondern mit der des Blutes.« Und er fragt auch gleich, wie mein Name sei, wie lange ich bliebe und in welchem Hotel. Willkommen im *mezzogiorno*, in Süditalien.

Ich werde einen ganzen Monat auf Capri bleiben, um ein Buch zu schreiben, viele Bücher zu lesen, aber auch, um einfach nur einen Monat am Meer zu leben. So ein Sommermonat am Meer war bis vor nicht allzu langer Zeit der klassische Jahresurlaub italienischer Familien schlechthin. Mit Sack und Pack zogen Frauen und Kinder im August in den Ferienort, der nahe an der Heimatstadt lag, sodass der Familienvater an den Wochenenden dazukommen konnte. Vor dem Hintergrund dieser *villegiatura*, der Sommerfrische, entfaltet der Neapolitaner Erri de Luca seinen Roman »Das Meer der Erinnerung«. Auf einer fiktiven Insel im Golf von Neapel verlebt der Sohn der Familie seine letzten Wochen der Jugend. Ein Stadtkind, das im Sommer verwildert. »Ich ging barfuß, meine Fußsohlen waren hart wie Johannisbrotschoten, die man vom Baum pflückt, ich wusch mich nur mit Meerwasser, schmeckte salzig wie Hering und roch auch nach Fisch.«

Ich lebe nicht immer am Strand, sondern in einer Pension, aber immerhin mit Balkon, Blick auf das entfernte Meer und Frühstück unter melonengroßen Rosenblüten.

Am frühen Abend strecke ich die Beine unter eines der Tischchen in einem der Cafés rund um die *piazzetta*. Immer schwebt über dem Platz Erwartung. Menschen stehen zusammen und reden und gestikulieren, in den vier Cafés sitzen ausländische und italienische Gäste, die Stühle zur Platzmitte ausgerichtet, immer ist es so, als würde sich noch etwas ereignen. Doch es ereignet sich nur der Abend. Frisch kommt er nieder, gebiert die Nacht und immer noch sitzen alle da und warten und reden und trinken.

Jeder, der über den Platz geht, geht auch über eine Bühne. Der Pfarrer: Er hat mit den Jahren einen ansehnlichen Bauch angesammelt, die Hände legt er auf den Rücken, mit Tippelschritten kreuzt er wie ein altes Segelschiff über die *piazzetta*. Ein junges Paar aus England, honeymoon, man sieht es ihren Gesichtern an und den glänzenden Eheringen. Mädchen in Gruppen und untergehakt, sie tragen ihr offensives Desinteresse aus den Häusern in den Ort, die Jungs, die auf der Freitreppe der Kirche Santo Stefano sitzen, werden unruhig.

An einem Abend ereignet sich dann doch etwas, es wird eine Bühne aufgebaut, ein Mandolinenorchester aus Sorrento malträtiert die überforderte Lautsprecheranlage. Knaben mit weinroten Fliegen, die Stirn umwölkt vor Konzentration, und Mädchen in braven Kostümen zupfen uralte Gassenhauer vom Festland, sie erschaffen das Flirren der Mandolinenklänge als nächtliche Fortsetzung des abendlichen Zikadenzirpens. All das ist reizend und auf charmante Weise provinziell und unprofessionell.

Wie schön diese Abende sind, lerne ich am nächsten Morgen zu schätzen. Tagestouristen fallen ein wie biblische Plagen und treten sich in den Gassen auf die Füße. Gegen zehn Uhr erscheinen die ersten auf der *piazzetta*, voraus der Führer mit hoch erhobenem Regenschirm. Jede Seilbahn und jeder Bus entlädt Menschen auf den Platz. Die Fahrzeuge, kleine Elektromobile, kommen kaum noch durch. »Achtung, attention, attenzione!«, rufen die Fahrer. Jetzt versperren sie sich in den Giardini di Augusto gegenseitig die Aussicht, stehen Schlange an der Seilbahn, an der Bushaltestelle, am Taxistand, am Bootsanleger. Ich aber habe schon meinen *cappuccino* ausgetrunken und die Zeitung weggesteckt. Ich bin schon weg.

Ein Thema mit Variationen: Immer am frühen Vormittag breche ich auf, bin so tatsächlich alleine in den Resten der römischen Villa Damecuta, schaue vom Belvedere Cannone auf das Getümmel in den Augustusgärten oder wandere nach Betriebsschluss der Seilbahn auf den Monte Solaro, von dort oben gehört mir Capri sowieso ganz und allein.

Sogar der Weg vom Trubel des Hafens bis zur *piazzetta* ist einsam, da sich kaum jemand die

Mühe des Hochgehens machen will, alle stehen lieber an, an der kleinen Seilbahn. Paul Heyse beschrieb 1853 in einer seiner Italienischen Novellen, wie das *l'arrabiata* genannte Mädchen diesen Aufstieg ins Dorf wählt. »Eh sich der Weg oben zwischen Mauern zurückzog, stand sie einen Augenblick still, wie um Atem zu schöpfen, und sah sich um. Die Marina lag zu ihren Füßen, ringsum türmte sich der schroffe Fels, das Meer blaute in seltener Pracht – es war wohl ein Anblick, des Stehenbleibens wert.«

Zwar bin ich massenscheu, aber kein Menschenfeind. Nach ruhigen Spaziergängen freue ich mich aufs Essen in Gesellschaft. Eine steile Treppe führt hinunter zum Meer, auf eine Felszunge zwischen den Faraglioni, den berühmtesten Felsklippen Capris. Hier ist »Da Luigi«, ein Fischrestaurant. Sonst ist hier nichts. Durch die Klippen pfeift der *scirocco*, der warme, feuchte Wind aus Afrika. Er nimmt sich die Wasserflasche als Flöte und bläst darauf einen tiefen Dampferton. Sogar der Weißwein im Glas scheint Wellen zu schlagen. Aber wahrscheinlich ist das ganz unmöglich.

Nachmittage am Meer. Einmal finde ich einen steilen Pfad in eine Bucht und lese das Capri-Kapitel in Martin Mosebachs wunderbarer »Italienischen Reise«. Es ist zwar nicht einfach, zwischen den Strandbädern ein paar Meter Kies zu finden, aber genau dort lege ich mein Handtuch hin und grabe mir mit dem Rücken ein Bett in die Steine, ärgere mich über den Fußball, den Kinder immer wieder in meine Ecke kicken, lausche angehenden *papagalli* – das Wort kam etwas aus der Mode, aber nur das Wort –, die sich beklagen, in der Vorsaison lägen so wenig Mädels am Strand, hole mir eine *granita di limone,* die zu schnell gegessen schockartig und schmerzhaft das Gehirn kühlt, gehe ins Wasser und lasse das Salz an mir trocknen. Das nenne ich einen Nachmittag am Meer.

Ja, ich war auch in der Blauen Grotte. Zweimal sogar. Einmal bin ich mit dem Ruderboot hineingefahren und habe fast geheult, weil es so schön war. Auch wenn es immer wieder verblüffend ist: Die großen Touristenattraktionen dieser Welt sind tatsächlich sehenswert. Aber es wurde noch schöner: Ich bin hineingeschwommen, als alle Ruderboote längst weg waren.

Gern wäre ich allein gewesen, aber ich habe drei Abende gewartet, immer war der Seegang zu hoch, und nun sind zwei junge Franzosen schon drin. Genau am schmalen Eingang, wo tagsüber knapp ein Ruderboot hineinschlüpft, genau an diesem Engpass schweben im Wasser handtellergroße Quallen. Die grausligen Tiere tragen im Italienischen einen poetischen Namen: *le meduse.* Das macht das Unternehmen noch geheimnisvoller. Aber es hilft alles nichts, ich will da jetzt rein. Die Wächterinnen passen gut auf, sie wollen testen, ob ich des Wunders würdig bin. Eine erwischt mich am Arm, eine streift am Hals entlang. Untertauchen, ein paar Schwimmzüge – und umdrehen. Man kann es sich nicht vorstellen, wenn man es nicht gesehen hat. Das Blau ist viel blauer als das blauste Blau auf allen Bildern der Blauen Grotte. Die Jungs sind in einer Nebengrotte hochgeklettert und springen hinein ins Wasserazur, ich will es ihnen nachtun, rutsche ab und schürfe mir an Muschelkanten Arme und Beine auf.

Drei junge Amerikanerinnen im Badeanzug warten zögernd vor der Grotte. Als sie mich mit quaddeligen roten Flecken und blutüberstömt auf die Plattform klettern sehen, machen sie auf dem Absatz kehrt. Halb so schlimm, rufe ich ihnen nach. Sie sind nicht zum Schwimmen zu bewegen. Das tut mir herzlich Leid. Ich glaube, es gibt auf Capri nichts Schöneres.

Auf dem Nachhauseweg hole ich bei Carmela Wäsche ab. »Sie waren am Meer«, sagt sie und faltet meine Blusen in dem halbdunklen Raum, hinter ihr dampft das Bügeleisen. »Ich rieche das Salz auf der Haut und das Meerwasser in den Haaren. Im Sommer merkt man das nicht mehr. Nur jetzt im Frühling, weil es wieder ein neuer, frischer Geruch ist, den wir vergessen hatten.«

Donna Marta erzählt

Zwei Hühner geben, einen Rat bekommen

»Warum der Gastwirt eben zwei Kisten Gemüse im Flur abgestellt hat? Ja das ist nicht so leicht zu erklären. Er will meinen Mann etwas fragen. Er braucht Rat, weil seine Tochter im Ausland studieren möchte, und er nicht so recht weiß, wie er das organisieren und finanzieren kann. Mein Mann weiß das zwar auch nicht, aber er hat studiert, er ist Architekt, und da wird er eben oft um Rat gefragt, auch bei ganz anderen Dingen.

Anstatt dass einer auf ein Amt geht, nimmt er lieber zwei Hühner und geht zu, sagen wir, *Don* Carmine. Könntet Ihr nicht, *Don* Carmine, ich wollte fragen ... Das war in der Generation meines Vaters noch sehr üblich und hat sich abgeschwächt bis heute erhalten. Aber diese zwei Hühner, um bei dem Beispiel zu bleiben, gab mein Vater wieder weiter. Alles, was in sein Büro getragen wurde, kam gar nicht in unseren Haushalt. Einmal hat er versehentlich ein teures Geschenk später dem Schenkenden zurückgeschenkt.

Oder wenn einer ein rechtliches Problem hatte oder etwas in der Art, dann ging man mit den zwei Hühnern zum Arzt. Verzeiht, *Don* Biagio, Ihr müsst mir helfen, Ihr habt doch studiert. Mein Nachbar hat mir mit seinem Traktor das Feld kaputtgefahren, was kann ich nun tun?

Der Arzt gab eben einen Ratschlag, nach bestem Wissen und Gewissen, das wurde einfach von ihm erwartet. Wenn der Ratsuchende damit Erfolg hatte, kam er wieder, diesmal mit einer Kiste Auberginen, ja, seht Ihr, das merkt man schon, dass Ihr studiert habt. So hat sich das Dorf zusammengeschweißt. Auf den Ämtern, da saßen welche von draußen, aus fernen Städten. Da ging man lieber zum Arzt, oder auch zum Pfarrer, wenn es etwas zu regeln galt. Und daraus ist im Grunde die Mafia entstanden. Man hat den Leuten vertraut, sich ihnen anvertraut. Man ging zu *Don* xy, der einem helfen sollte. Die zwei Hühner, die waren Schutzgeld, wenn man so will. Die Anrede *Don*, das kommt aus diesen Zeiten, das ist bis heute gebräuchlich. Das sind keine Adelstitel, sondern Respektsbekundungen. Auch ich wurde, schon als junge Frau, *Donna* Marta genannt, und manche reden mich bis heute in der zweiten Person Plural an: ›Buon giorno, *Donna* Marta, wie geht es Euch, wollt Ihr eine Wassermelone, die sind ganz süß!‹ – und ich bin ja auch erst dreißig.

Diese Anrede – das ›Ihr‹ –, das ist nicht einfach zu erklären. Im 19. Jahrhundert war das die übliche Ansprache für alle Höhergestellten, während des Faschismus wurde es wieder eingeführt, fast als Pflicht, weil das ›Sie‹ als bürgerlich geächtet wurde. Nun wird es eigentlich nur noch in Süditalien verwendet, es ist respektvoll, aber gleichzeitig drückt es eine emotionale Verbundenheit aus.

Ich hatte eine alte Tante, die war so etwas wie die Mutter der ganzen Familie. Es gab gar keine andere Wahl, als sie so anzusprechen: *Zia* Anna, wie geht es Euch? Das ›Sie‹ hingegen ist viel förmlicher, mit ›Sie‹ spricht man den Fremden auf der Behörde an. Alle anderen Tanten habe ich geduzt. Ich hingegen wurde auf der Straße von anderen *Donna* Marta genannt, aber in der Familie, als eine der Jüngsten, haben mich natürlich alle geduzt. Das ›Ihr‹ ist eine Einbahnstraße, zwei Gesprächspartner würden sich nicht gegenseitig so titulieren, da wäre der Dialog, grammatikalisch gesehen, überbevölkert.«

Als der Heilige einmal großen Durst hatte

Dorffeste und Familienfeiern in Pellare

Wer darf den Heiligen während der Prozession tragen? Diese Frage beschäftigt die Einwohner von Pellare den ganzen Sommer über. Der Ortsheilige San Bartolomeo wird am 24. August durchs Dorf getragen, zu seinen Ehren gibt es eine Versteigerung, denn alle wollen ihn auf ihren Schultern durch die Gassen tragen. »Die Leute machen Schulden dafür«, sagt Fabio, ein junger Mann aus Pellare. Letztes Jahr wurden neuntausend Euro an die Statue geklebt, sogar Fabios Mutter hat von ihrer Rente hundert Euro abgezweigt. Das Geld wird für die Kirchengemeinde verwendet. Moio hingegen, die Nachbargemeinde, hat eine Schutzpatronin, Sant' Anna. Einmal wurde vorgeschlagen, die Bartolomeo-Prozession nach Moio zu führen. Wütender Protest. »Der Apostel kann doch nicht zu einer Frau gehen!«

Nach der Prozession wird auf der *piazza* Wein ausgeschenkt. Dafür fährt in den Tagen davor ein Traktor durchs Dorf und sammelt Wein ein. Natürlich sei das freiwillig, sagt Fabio, aber alle geben ein paar Flaschen. Sein alter Nachbar Carmine habe sich mal geweigert, Wein zu spenden, das sei ihm aber schlecht bekommen. Vielleicht habe ihn das Gewissen ob dieses Aufstands schon beim Einschlafen geplagt, jedenfalls sei ihm im Traum

San Bartolomeo erschienen. Der Heilige habe die ganze Nacht an seinem Bett gestanden und bitterlich geklagt – Ich habe solchen Durst, ich habe solchen Durst. Am nächsten Morgen rollte Carmine ein großes Fass Wein zur Piazza degli Eroi.

Die Feste im Süden sind so wichtiger Bestandteil des Lebens, dass sie gleichsam sozialen Druck ausüben. Vor allem aber halten sie die Gemeinschaft zusammen, oder holen sie wieder zusammen, wenn sie sich verstreute, weil ganze Familien auswanderten, vor allem nach Venezuela, weil Familienmitglieder längst nicht mehr alle im selben Dorf wohnen. So treffen sich die Menschen aus Pellare jedes Jahr zum Fest des Heiligen, und dann reisen auch die Auswanderer an. Und wenn sich die Gelegenheit bietet, auch zwischendurch ein Dorffest auszurichten, wird diese gerne wahrgenommen. Oder anders gesagt: Gibt es einen Anlass für ein Fest, führt auch fast kein Weg daran vorbei, eines auszurichten.

So zieht nun eine *Panini*-Prozession über den schmucklosen Dorfplatz von Pellare, Fabio und andere junge Männer schleppen große Säcke, mit fünftausend Brötchen, Frauen in Schürzen ziehen hinterher. Ein Dorffest wird das, zum Wahlsieg ihrer unabhängigen Liste »Il vite«, die Mütter und Schwestern der Wahlsieger schneiden im Gemeindesaal die Brötchen auf, um sie mit *crudo*, dem Rohschinken, und mit *sofritto*, einer Mischung aus Gulasch und Sauce Bolognese, zu belegen.

Ein dramatisches Abendrot färbt die sich auftürmenden Gewitterwolken, verleiht der Beton-*Piazza* einen Hauch von Romantik. Bunte Luftballons in Form von Weintrauben hängen auf der *piazza*, über einer Kavallerie weißer Plastikstühle. Es wird wenig getrunken, aber viel gegessen. Sehr viel. Fünftausend riesige Brötchen für zweitausend Einwohner. Ein altes Ehepaar sitzt am Rand der Tanzfläche, der Mann trägt einen schwarzen Anzug, mit dem er sich vielleicht schon nach Venezuela einschiffte. Die Frau hat einen zerschlissenen braunen Rock an und ausgetretene Schuhe. Immer wieder steht sie auf, humpelt zum Buffet. Sie holt zwei Brötchen und zwei Servietten, kommt zurück zu ihrem Mann. Der steckt die eingewickelten *panini* in eine Plastiktasche, und die Frau geht wieder los, diesmal ans andere Ende des Buffets. So haben die beiden Alten bald Essen für eine ganze Woche zusammen. Die Dorfband, Jugend an Stromgitarren, spielt uralte Celentano-Songs. Später legen sie lateinamerikanische Musik auf, die »Venezolaner« tanzen Salsa, bis die Gewitterwolken einen heftigen Schauer schicken und das Fest beenden.

Pellare, ein Beispiel für so viele Dörfer des Südens, zählte um 1900 knapp tausendvierhundert Einwohner, nach Ende des Zweiten Weltkriegs waren es doppelt so viele. Die Erde ernährte jedoch ihre Bewohner nicht mehr und in den winzigen Steinhäusern war kein Platz mehr für sie. Heute ist Pellare keine Schönheit, nicht malerisch. Pellare wuchs in den sechziger Jahren, mit dem Geld aus Venezuela, diese Zeit sieht man den Häusern an. Viele wurden zudem nie richtig fertig, stehen unverputzt in seltsamem Winkel zur Straße, haben Zementbalkone mit improvisierten, provisorischen Geländern. Vor den Häusern und auf der Piazza degli Eroi sitzen die Männer, spielen Karten. Die Frauen lehnen an Balkongeländern, schauen die Gassen hinunter.

Pellare liegt kaum eine Stunde vom blausten Meer entfernt, doch Fremde kommen kaum hierher. »Wer ist denn die?«, fragt *zia* Maria ungeniert, wenn Fabio mit einer Fremden durch die Gassen spaziert. *Zia* Maria ist seine Nachbarin. Aus dem dunklen, ebenerdigen Eingang trägt sie jeden Morgen ihr Stühlchen auf die Straße. Dort setzt sich die alte, schwarz gekleidete Frau in den Schatten, wie jeden Morgen. Jeder im Dorf kennt sie, jeder nennt sie *zia* Maria, Tante Maria, seit Jahr und Tag.

Zia Maria ist ein bisschen wirr im Kopf geworden. Mittags wechselt sie die Straßenseite, stellt ihr Stühlchen an die gegenüberliegende Hauswand, viel Schatten spendet die hochstehende Sonne jetzt auch dort nicht. Plötzlich steht sie auf und geht los, zielstrebig. Eine junge Frau spricht sie an: »Wo wollt Ihr denn hin, zia Maria?« »Ich muss, ich wollte …«, stottert die Alte. »Es ist viel zu heiß, zia Maria. Ihr könnt jetzt nicht da draußen herumlaufen. Setzt Euch besser wieder hin.« *Zia* Maria kehrt zu ihrem Stühlchen zurück, lächelnd fallen ihr nun die Worte aus dem zahnlosen Mund: »Du musst aber meine Mutter anrufen.« *Zia* Maria ist über achtzig Jahre alt, ihre Mutter lange tot. Die junge Frau nickt, sie verspricht es. Wie jeden Tag. Ernsthaft, ohne die Alte merken zu lassen, dass sie in einer anderen Welt lebt.

Fabio hat ein Büro als Webdesigner, manchmal geht er auf einen Sprung in die Bar, in der die jungen Männer sitzen. Es ist heller Tag, die meisten seiner Freunde arbeiten nichts, es gibt hier keine Arbeit. Eine kleine Sandalenfabrik ist der einzige Handwerksbetrieb, Sohlen werden hier gemacht. Aber mittlerweile kommt das billiger aus China, die Produktion musste reduziert, ein junger Mann entlassen werden.

Marcello ist Architekt, er schaut jeden Tag in der Bar vorbei. Als Architekt sei es schwierig, weil wenig Geld im Umlauf ist. Wenn jemand ein Haus baue, dann mit einfachen Materialien, sagt er und weist auf die umstehenden Häuser. Dafür braucht es keine Architekten. Viele der jungen Menschen haben einen Hochschulabschluss, sind dennoch arbeitslos. Wie lebt man so? Fabio erklärt: »Die Rente der Mutter, hier mal ein Job, da eine Idee, und dann der Gemüsegarten, der die Familie ernährt.« So leben laut einer Studie der EU zwei Drittel der Italiener zwischen achtzehn und fünfunddreißig Jahren, das sind vierzehn Millionen Erwachsene, zu Hause bei *mamma,* in Deutschland sind es einundzwanzig Prozent. Die Jugendministerin Giovanna Melandri rechnete vor, diese jungen Italiener würden pro Kopf fünftausend Euro ausgeben, wenn sie einen Hausstand gründeten, das würde die italienische Wirtschaft stark ankurbeln. Doch dafür sind die Mieten, auch im Süden, viel zu hoch, zumal ohne Arbeit.

Doch nicht nur aus finanziellen Gründen wohnen die jungen Leute so lange zu Hause. Unverheiratet zusammenzuleben sei »völlig ausgeschlossen«, erzählt eine Freundin von Fabio. »Für meine Eltern wäre das das Ende, das könnte ich ihnen nicht antun. Und wenn ich heute schwanger würde – denn wir sind natürlich keine Heiligen – wäre ich morgen verheiratet.« Drei Wochen war sie mit einem jungen Mann ausgegangen, »also Pizza essen zu zweit«. Nach vierundzwanzig Tagen, »ich weiß das noch ganz genau«, sagte eine Nachbarin zu ihrer Mutter: »Deine Tochter hat sich verlobt.« Nach zwei Jahren »Verlobung« wollten die beiden zusammen Urlaub machen, ein Wochenende in Palinuro, das liegt nur eineinhalb Autostunden entfernt, am Meer. »Die Eltern haben es nicht erlaubt. Ich bin dann auch nicht gefahren.«

Es gibt eine Stelle im Wald, auf dem Hügel oberhalb von Pellare, ein Plätzchen mit schöner Aussicht, wo man sogar das Meer sieht. Aber nicht deswegen kamen schon die Alten hierher, und kommen bis heute die jungen Paare in den Wald hinter Pellare. »Crea puopulo« nennt der Volksmund das Plätzchen, Nachwuchswiese.

Fabios Vater hatte seine Maria Grazia geheiratet, als diese noch ein junges Mädchen war, aber die Heirat war jahrelang nur ein Stück Papier. Auch Fabios Vater war ein Auswanderer, kurz nach dem Krieg folgte er anderen nach Südamerika. Die Zeremonie hatte ohne den Bräutigam in Pellare stattgefunden, das war so üblich in der Zeit der Auswanderungen. Die wenigsten zogen freudig nach »La Merica«. Pellares Ortshistoriker hat ein ganzes Buch mit Liedern gesammelt, die das Auswandern zum Thema hatten, darunter sind viele Abschiedslieder, wie das populäre »Oh cara bella«. Da bittet der Sänger sein Mädchen um Vergebung dafür, dass sie ihn vermissen wird. Lieber würde er zum Tode verurteilt, singt er gar, als so weit von seinem Liebchen entfernt zu sein.

Die Auswanderungen verliefen immer nach einem ähnlichen Muster: Einer war vorausgegangen und holte die männliche Verwandtschaft nach; dass Pellare nach Venezuela emigrierte, war Zufall. Aus dem Nachbardorf hatte einer mit einer Kaffeeplantage sein Glück in Brasilien gemacht. Nuccio di Menecariello, ein junger Mann aus diesem Dorf, hörte davon und sparte sein Geld zusammen für die Schiffspassage. In Brasilien angekommen, schlug er sich in diese Provinz durch. Dann lief er los. Er zog über die Felder, durch die Plantagen, tagelang, und wandernd rief er in die Ebenen: »Don Matteo! Don Matteo!«. Bis einer wusste, wen er suchte. Und so hatte dann auch Nuccio di Menecariello Arbeit gefunden in Südamerika.

Fabios Vater kaufte mit seinem Verdienst aus Venezuela ein Haus, zu Familienfeiern trifft sich dort bis heute die weitläufige Verwandtschaft. Zu diesen Festen reisen sie dann an, der Enkel, der in Rom studiert, die Tochter, die im Nachbardorf lebt, und all die Cousinen und Cousins. So etwa zum Tag der Maria Grazia, dem Namenstag von Fabios Mutter. Den *spumante* für das Fest bringt wie jedes Jahr ihr schnauzbärtiger Sohn, der Apotheker, mit. Er hat ihn selbst gemacht, wie auch den Wein. Wer weiß, was er da reintut, der Apotheker –, sagen sie immer zu ihm, den Scherz kennt er schon. Gar nichts, beteuert er. Nur Trauben. Zum Festessen kommen zwei Schwestern und zwei Brüder von Fabio, Nichten und Neffen. Arzt, Apotheker, Schulangestellte, das sind ihre Berufe, aber sie haben dieses Haus auf dem Land. Und so freut sich die Familie bei jedem Gang, der aufgetischt wird: »Das ist alles aus unserem Garten.« Salat und Zucchini, Minze und Aprikosen, sogar das Huhn und die Kartoffeln. Siebzehn Familienmitglieder sitzen um zwei lange Tische, dazwischen die kleine alte Mutter, faltig und glücklich. Die Worte fliegen kreuz und quer umher, es klingt, als würde um das Erbe gestritten. Dabei hat Rosa ihre Schwester nur gefragt, wie viel Oregano in die Auberginensauce gehört. Der Arzt stellt zu Beginn Aufschnitt auf die Tafel, eine mächtige Scheibe Holz mit Wurst und Käse. Es folgen zwei Nudelgänge, dann Huhn, dann Salat.

»So essen wir nur an festlichen Sonntagen«, beteuert einer von Fabios Brüdern, »wir arbeiten viel, das Leben ist teuer.« Er ist Programmierer, doch seine Kinder besuchen das Humanistische Gymnasium. Er verteidigt das Altgriechisch: »Heute wird uns eingebläut, man müsse die praktischen Dinge vorantreiben, Technologie, Computer.« Damit die Chinesen den Italienern nicht noch mehr Arbeitsplätze wegnehmen. »Aber besteht das Leben nicht aus mehr?«, fragt er. Wer Altgriechisch und Philosophie studiere, sei vielleicht nicht so gut geeignet, Programme zu entwickeln, aber lerne dafür, in größeren Zusammenhängen zu denken. Schließlich lebten sie auf dem

Gebiet der ehemaligen Magna Graecia und seien doch somit nicht nur der Zukunft, sondern auch der Vergangenheit verpflichtet, den Wurzeln unseres Denkens.

Rosa tischt Obst auf, eine gigantische Wassermelone, Trauben und Aprikosen. Michelangelo, ein Enkel, der in Rom Pharmazie studiert, fragt seine Tante: »Gibt es denn heute gar keine Nachspeise?« »Drei haben wir!«, ruft sie, glücklich, das verkünden zu können: *tiramisú, semifreddo* und *babá,* rumgetränkter Biskuitkuchen.

Wir sind alle Kinder eines Meeres

Herbstliche Tage und Nächte in Velia

»Bei uns ist immer Vollmond«, sagt Olga. »Denn so ein halber Mond, wie sieht das denn aus?« Olga lächelt. Dies ist einer der liebenswertesten Charakterzüge der Menschen im Süden, ihre Neigung zu kleinen Übertreibungen. Wir saßen auf einer Terrasse, tranken Kleos, schweren dunklen Rotwein, und schauten hinaus aufs Meer. Die Positionslampen einiger Fischerboote blinkerten, in der Ferne zog ein hell erleuchtetes Schiff vorüber, ein Kreuzfahrtschiff wohl, unterwegs zu den Gestaden des Mittelmeers. Der Samthimmel glitt von Schwarz in Blauschwarz hinüber, denn am Horizont stieg der Mond auf, eine rotgoldene Kugel. Für diesen Abend hatten es die Süditaliener perfekt arrangiert: Der Mond schien über Velia stehen zu bleiben, beleuchtete wie ein Scheinwerfer die Ruine des Turmes.

Schon in der Antike, als Velia entstand, war das Mittelmeer ein viel befahrenes Gewässer, nur geleitet von den Gestirnen suchten ganze Völker neues Land. Bei Homer litt Odysseus »Schmerzen auf dem Meer in seinem Gemüte, während er sein Leben zu gewinnen suchte wie auch die Heimkehr der Gefährten.« Eben hier, vor der Küste des Cilento, geschahen mythentragende Katastrophen. An der Punta Licosa, einer Landzunge mit aufs Meer hinausgespucktem Inselchen, soll Odysseus den Sirenen begegnet sein. Weiter südlich am Cap Palinuro fand der Steuermann des Aeneias sein Unglück, »Häuptlings stürzt er ins Meer, umsonst noch rufend den Freunden«, schreibt Vergil. Und auf halbem Weg zwischen der Punta Licosa und dem Cap Palinuro liegt Velia, gegründet um 540 vor Christus von den griechischen Einwohnern der Stadt Phokäa. Aus der heutigen Türkei hatten sie nach Belagerungen fliehen müssen, waren jahrelang übers Meer geirrt. Sie nannten ihre Stadt Elea, eine Siedlung der Magna Graecia, des Griechenreiches auf italienischem Boden, bei den Römern wurde es zu Velia.

Eleas/Velias geografische Lage war in Vergessenheit geraten, im Gedächtnis der Menschheit lebten die Mythen weiter und anderes noch, was auch nur im Geiste entstanden war und doch länger Bestand hatte als steinerne Zeugnisse: Eine Philosophenschule, gegründet von Parmenides, um 520 vor Christus in Elea geboren, in der Provinz also, Welten entfernt von Athen. Parmenides zog Schüler heran, wie Zenon von Elea, der als Erfinder der Kunst des Argumentierens und des Paradoxons gilt. Sein berühmtestes Paradoxon erzählt von Achilles, dem schnellen Helden, der einen Wettlauf mit einer Schildkröte austrägt. Er überlässt ihr einen Vorsprung – und wird deshalb niemals gewinnen können, so jedenfalls Zenon. Denn um die Schildkröte einholen zu können, muss der Held immer erst den Punkt erreichen, an dem sie beginnt, da ist sie aber schon ein –

winziges – Stück weiter, hat er diese Strecke überwunden, hat sich auch das Tier wieder bewegt. Mag sein, da hat auch Zenon, ganz Südländer, ein bisschen übertrieben.

An Legenden reich ist also die Gegend, auch ohne Vollmond, doch wer seine Grand Tour durch Italien wirklich bis hinter Neapel führt, besucht meist nur Pompeji und Herkulaneum oder gerade noch Paestum; Velia aber liegt noch einen Hügel weiter, hinter dem Fluss Alento, von Rom aus betrachtet »cis alentum« – im Cilento. Der deutsche Autor Manfred Schneider fuhr 1925 mit dem Zug durch diese Region, »eine der herrlichsten Fahrten, die man in Italien unternehmen kann« schwärmte er. Den Anblick der überreich tragenden Orangen- und Mandarinengärten erschien ihm so beglückend, »dass allein um seinetwillen jede Spätherbst- oder Winterreise in Süditalien zum Erlebnis der Schönheit werden muss.« Zumal hier die Novemberfrühe so mild sei wie ein deutscher Sommermorgen nach einer Regennacht.

Wer durch die Ausgrabungen von Velia spaziert, bleibt meist ungestört. Ganz für sich hat der Besucher das Leuchten rosafarbener und weißer Oleanderbüsche, den Duft des Rosmarins rund um die Akropolis, kann auf dem einsamen, ansteigenden Weg zur Porta Rosa Eidechsen beim Huschen zusehen und vom Wind umfächert schließlich vom Sarazenenturm, der die Ausgrabungen krönt, den Blick schweifen lassen zu den grünen Bergen des Hinterlandes und an der Küste entlang, von der Punta Licosa bis zum Capo

Palinuro. Es ist ein Hügel von bukolischer Anmut, auf dem ein Tempel stand, später eine Kirche gebaut wurde, und auf dem schon die Lukanier ihren Gottheiten gedankt haben dürften für das Leben an einem derart wunderbaren Ort. Ob die Magie solcher Plätze ihrer mythischen Vergangenheit geschuldet ist, Erdströmen, fengshuigemäßer Ausrichtung oder nur dem Zusammenspiel von Küstenlinie, Himmelsblau, Wäldergrün und Meeresflimmern in einem Maß an Harmonie, das an der Grenze des Erträglichen schwebt – ihrem Zauber wird sich kaum jemand entziehen können.

Antonella Fiammenghi jedenfalls wehrt sich schon lange nicht mehr dagegen. Die Archäologin wurde in Tripolis geboren, »Gaddafi hat uns weggeschickt«. Auch Libyen wurde von den Griechen kolonialisiert, später von den Römern übernommen, und nochmal fast zweitausend Jahre später von den Italienern annektiert. Über zwanzig Jahre lebt die patente Frau nun schon im Süden Italiens, »per l'amore della terra«, aus »Liebe zu der cilentanischen Erde«, sagt sie lächelnd und mit der erwartungsgemäßen Übertreibung. Ihr Vater habe angesichts der Ruinenanlagen am Südrand des Mittelmeers davon geträumt, Archäologe zu werden. »Als Kind hat er uns Pompeji gezeigt, alle Ausgrabungen im Süden. Mich faszinierte schon früh das Mittelmeer als Bindeglied, ich sah sie alle vor mir, die antiken Seefahrer. Wie sie übers Meer kreuzten, immer auf der Suche nach der einen Küste, mal war es eine verlorene Heimat, mal eine neu zu gründende.«

Mit den modernen Untersuchungsmöglichkeiten könne nun erforscht werden, welche Verknüpfung es von Legenden und Gelebtem gegeben habe. So vergleiche sie anhand der DNA der Knochenfunde die Einwohner von Ostia, dem Hafen von Rom, mit den Menschen von Velia, ihre Lebensgewohnheiten, Krankheiten, die Ernährung. »Das waren alles Menschen des Meeres, die Bevölkerung mischte sich durch die Seefahrt viel stärker als in den Dörfern des Hinterlandes«, so die Archäologin. Sie zeigt auf ein Poster in ihrem Büro mit der Landzunge von Palinuro, auf dem die Zeile »das Land, das schon die alten Griechen verzauberte« zu lesen ist. Türkische Griechen, die in Unteritalien auf lukanische Stämme trafen und sich später unter den Römern assimilierten.

Waren schon sie, die Gründer Eleas, erst nach langem Irren in Italien gelandet, ging es Aeneas nicht besser. Er suchte sieben Sommer lang »durch das unendliche Meer das flüchtige Latium«, durchmaß als ein Spiel der Gewässer den Zorn der Gestirne, wie es Vergil beschreibt. In allen Zeiten versuchten Mutige über den Seeweg der Misere zu Hause zu entfliehen – nicht anders als die Menschen heute, die in überfüllten Booten durchs Mittelmeer kreuzen, zu Zehntausenden an die Küste süditalienischer Inseln drängen, auch sie oft nur mit den Gestirnen zur Navigation, auch sie urzeitlichen Stürmen zum Trotz auf der Suche nach neuen Ufern.

Italiener hören Vergleiche dieser Heimatlosen mit den Reisenden der antiken Welt meist nicht so gerne, doch der im Süden populäre neapolitanische Liedermacher Eugenio Bennato besingt freudig die kulturellen Gemeinsamkeiten der Mittelmeerländer, in seiner Band spielen auch Sänger und Musiker arabischer Herkunft. In »Che il mediterraneo sia« etwa beschwört er den Mut all dieser Seefahrer zwischen Orient und Okzident und »quel viaggio che non smette mai«, also »diese Reise, die nie endet«. Niemand sei länger Pirat, fordert er, niemand mehr Immigrant, um nach Zeilen in Neapolitanisch und Arabisch schließlich Französisch zu enden: »nous sommes tous enfants de la même mer« – wir sind alle Kinder desselben Meeres.

Velia geriet in Vergessenheit, schon zur Zeit Roms. Die Römer waren begnadete Straßenbauer. Durchs Land kam man nun leichter voran als an den gefährlichen Küsten vorbei. Erst Anfang des 20. Jahrhunderts stößt ein deutscher Ingenieur auf die Ruinen: Wilhelm Schleuning baut die erste Eisenbahnlinie des Südens, ihm fallen die sogar für italienische Verhältnisse zahlreichen Antikenfunde auf. Auch er verfällt dem Zauber Velias, der Ingenieur schreibt ein Gedicht, es hängt als schnörkeliges Faksimile in Antonella Fiammenghis Büro: Der Wanderer, der sich »als Gast, hier heimisch fühlt in kühler Rast«, erkenne, an diesem Ort lebe noch ein Zeuge der Griechenzeit: »die alte, freie Gastlichkeit«.

Der letzte Tag dieser Zeit im Süden war fast zu Ende. In dieser Nacht fuhren wir nach einem endlosen Abendessen, »die alte, freie Gastlichkeit«, aus einem Dorf in den Bergen zurück ans Meer. Samtene Luft strömte durch die Autofenster herein, leise ließen wir Klänge von Eugenio Bennato aus dem Autoradio hinausströmen. »Che il Mediterraneo sia/ quella nave che va da sola/ tutta musica e tutta vele« – Das Mittelmeer sei jenes Schiff, das von alleine fährt, ganz Musik und ganz aus Segeln.

Ich wäre an diesem Abend gerne Achilles gewesen, der trotz aller Geschwindigkeit die Schildkröte nie überholt und somit auch sein Ziel nie erreicht; Zeit in alle Ewigkeit dehnt, im Augenblick. Wir aber kamen immer näher heran an Velia, und wieder stand über dem Sarazenenturm der Vollmond als rotgoldene Kugel. Wir fuhren daran vorbei, bis ans Meer. Am Strand rollten vorsichtig die Wellen heran, als wollten sie das Glitzern der Mondstrahlen auf ihrem Gekrausel nicht zerbrechen. So war das Ende »einer Reise, die nie endet«, weil ihre Bilder in der Erinnerung der Reisenden weiterfahren durch die Welt. Ein Paradoxon? Und wenn schon. Wo, wenn nicht in Elea dürfen die Gedanken in solchen Spielen umherwandern? Und so war dies das Ende eines Tages, der nie endet, weil jede Nacht wieder, wie Olga sagt, der Vollmond über den Himmel des Cilento zieht.

Nachsatz

Ein Teil der Texte ist bereits in der *Frankfurter Allgemeinen Zeitung*, in der *BRIGITTE*, in der *FÜR SIE*, in *GEO Saison* und in der *taz* erschienen. Die Reportagen wurden für dieses Buch aktualisiert.